应用型本科院校"十二五"规划教材/经济管理类

Cost Accounting Exercise Book
成本会计习题集

主　编　田凤萍　于　越
副主编　尚红岩　李海龙

哈尔滨工业大学出版社
HARBIN INSTITUTE OF TECHNOLOGY PRESS

内 容 简 介

为配合《成本会计》的学习,使学生能更好地掌握成本会计基础知识,学会成本会计的各种计算方法,增强学生实践能力,特编写本书。

本书共十六章,包括成本会计基本理论、生产要素费用分配、辅助生产费用分配、制造费用分配、生产费用在完工产品与在产品之间的分配、产品成本计算基本方法与辅助方法、成本报表与成本分析等练习和实训内容。

本书可作为高等院校本科会计学、财务管理、企业管理、市场营销、财政税务等经济管理类专业的配套教材,尤其适合应用型、技能型高等院校相关专业的本科教学使用,也可作为经济管理人员,特别是财会人员培训和自学参考用书。

图书在版编目(CIP)数据

成本会计习题集/田凤萍,于越主编. —哈尔滨:哈尔滨工业大学出版社,2014.7(2015.7 重印)

应用型本科院校"十二五"规划教材

ISBN 978-7-5603-4806-3

Ⅰ.①成… Ⅱ.①田… ②于… Ⅲ.①成本会计—高等学校—习题集 Ⅳ.①F234.2-44

中国版本图书馆 CIP 数据核字(2014)第 139662 号

策划编辑　杜　燕　赵文斌
责任编辑　李广鑫
出版发行　哈尔滨工业大学出版社
社　　址　哈尔滨市南岗区复华四道街 10 号　邮编 150006
传　　真　0451-86414749
网　　址　http://hitpress.hit.edu.cn
印　　刷　黑龙江省委党校印刷厂
开　　本　787mm×960mm　1/16　印张 9.25　字数 197 千字
版　　次　2014 年 7 月第 1 版　2015 年 7 月第 2 次印刷
书　　号　ISBN 978-7-5603-4806-3
定　　价　20.00 元

(如因印装质量问题影响阅读,我社负责调换)

《应用型本科院校"十二五"规划教材》编委会

主　任　修朋月　竺培国
副主任　王玉文　吕其诚　线恒录　李敬来
委　员　（按姓氏笔画排序）
　　　　　丁福庆　于长福　马志民　王庄严　王建华
　　　　　王德章　刘金祺　刘宝华　刘通学　刘福荣
　　　　　关晓冬　李云波　杨玉顺　吴知丰　张幸刚
　　　　　陈江波　林　艳　林文华　周方圆　姜思政
　　　　　庹　莉　韩毓洁　臧玉英

序

哈尔滨工业大学出版社策划的《应用型本科院校"十二五"规划教材》即将付梓,诚可贺也。

该系列教材卷帙浩繁,凡百余种,涉及众多学科门类,定位准确,内容新颖,体系完整,实用性强,突出实践能力培养。不仅便于教师教学和学生学习,而且满足就业市场对应用型人才的迫切需求。

应用型本科院校的人才培养目标是面对现代社会生产、建设、管理、服务等一线岗位,培养能直接从事实际工作、解决具体问题、维持工作有效运行的高等应用型人才。应用型本科与研究型本科和高职高专院校在人才培养上有着明显的区别,其培养的人才特征是:①就业导向与社会需求高度吻合;②扎实的理论基础和过硬的实践能力紧密结合;③具备良好的人文素质和科学技术素质;④富于面对职业应用的创新精神。因此,应用型本科院校只有着力培养"进入角色快、业务水平高、动手能力强、综合素质好"的人才,才能在激烈的就业市场竞争中站稳脚跟。

目前国内应用型本科院校所采用的教材往往只是对理论性较强的本科院校教材的简单删减,针对性、应用性不够突出,因材施教的目的难以达到。因此亟须既有一定的理论深度又注重实践能力培养的系列教材,以满足应用型本科院校教学目标、培养方向和办学特色的需要。

哈尔滨工业大学出版社出版的《应用型本科院校"十二五"规划教材》,在选题设计思路上认真贯彻教育部关于培养适应地方、区域经济和社会发展需要的"本科应用型高级专门人才"精神,根据黑龙江省委书记吉炳轩同志提出的关于加强应用型本科院校建设的意见,在应用型本科试点院校成功经验总结的基础上,特邀请黑龙江省9所知名的应用型本科院校的专家、学者联合编写。

本系列教材突出与办学定位、教学目标的一致性和适应性,既严格遵照学科体系的知识构成和教材编写的一般规律，又针对应用型本科人才培养目标及与之相适应的教学特点，精心设计写作体例，科学安排知识内容，围绕应用讲授理论，做到"基础知识够用、实践技能实用、专业理论管用"。同时注意适当融入新理论、新技术、新工艺、新成果，并且制作了与本书配套的PPT多媒体教学课件，形成立体化教材，供教师参考使用。

《应用型本科院校"十二五"规划教材》的编辑出版，是适应"科教兴国"战略对复合型、应用型人才的需求，是推动相对滞后的应用型本科院校教材建设的一种有益尝试，在应用型创新人才培养方面是一件具有开创意义的工作，为应用型人才的培养提供了及时、可靠、坚实的保证。

希望本系列教材在使用过程中，通过编者、作者和读者的共同努力，厚积薄发、推陈出新、细上加细、精益求精，不断丰富、不断完善、不断创新，力争成为同类教材中的精品。

前　言

《成本会计习题集》是以制造企业为背景,以生产要素费用的归集和分配、辅助生产费用的归集与分配、制造费用的归集与分配、生产费用在完工产品和月末在产品之间的分配、产品成本计算的基本方法和辅助方法的训练等为主要内容。

通过本习题集的学习与训练,使学生理解本专业所需要的理论知识,重点训练从事本专业领域实际工作的基本能力和实践技能,并能够适应制造业成本核算的形势发展需要。

本习题集共十六章,与教材各章一一对应,每章包括"学习目标""内容简介""预习要览""本章训练"四部分。训练题有单项选择题、多项选择题、判断题、计算分析题、不定向选择题五种类型。书后给出参考答案与解析。

本习题集中的训练题与教材内容紧密结合,题型全面,设计合理,由浅入深,循序渐进,有利于学生深入理解复杂的成本会计的基本理论与计算。通过每一章的习题训练,使学生在将专业知识转换成实践技能方面都有所收获。

本习题集由田凤萍任第一主编,于越任第二主编,尚红岩、李海龙任副主编,王惠、朱冠瑾、郑彩飞参编。具体分工如下:第一章由王惠(哈尔滨剑桥学院)编写;第二、三、四章由田凤萍(哈尔滨剑桥学院)编写;第五、六、七章由李海龙(哈尔滨石油学院)编写;第八、九、十章由于越(东方剑桥教育集团)编写;第十一、十二、十三章由尚红岩(哈尔滨剑桥学院)编写;第十四、十六章由朱冠瑾(哈尔滨剑桥学院)编写;第十五章由郑彩飞(哈尔滨石油学院)编写,最终由田凤萍对全书进行总纂定稿。

本书在编写过程中,借鉴了国内一些成本会计优秀教材和成本会计习题集,在此向所有参考文献的编者表示谢意!

由于时间仓促,书中难免存在疏漏和不足,我们真诚期望同行及有关人士批评指正。

编者
2014 年 6 月

目 录

第一章 总论 ··· 1
    一、学习目标 ··· 1
    二、内容简介 ··· 1
    三、预习要览 ··· 2
    四、本章训练 ··· 2

第二章 成本核算的基本要求和一般程序 ··············· 6
    一、学习目标 ··· 6
    二、内容简介 ··· 6
    三、预习要览 ··· 7
    四、本章训练 ··· 7

第三章 生产费用要素的核算 ································ 12
    一、学习目标 ··· 12
    二、内容简介 ··· 12
    三、预习要览 ··· 13
    四、本章训练 ··· 13

第四章 辅助生产费用的核算 ································ 19
    一、学习目标 ··· 19
    二、内容简介 ··· 19
    三、预习要览 ··· 20
    四、本章训练 ··· 21

第五章 制造费用的核算 ·· 28
    一、学习目标 ··· 28
    二、内容简介 ··· 28
    三、预习要览 ··· 28
    四、本章训练 ··· 29

第六章 生产损失的核算 ·· 33
    一、学习目标 ··· 33
    二、内容简介 ··· 33
    三、预习要览 ··· 34
    四、本章训练 ··· 34

第七章　完工产品成本与在产品成本的计算 ………………………… 38
 一、学习目标 ………………………………………………………… 38
 二、内容简介 ………………………………………………………… 38
 三、预习要览 ………………………………………………………… 39
 四、本章训练 ………………………………………………………… 39

第八章　产品成本计算方法概述 ………………………………………… 47
 一、学习目标 ………………………………………………………… 47
 二、内容简介 ………………………………………………………… 47
 三、预习要览 ………………………………………………………… 48
 四、本章训练 ………………………………………………………… 48

第九章　产品成本计算的品种法 ………………………………………… 52
 一、学习目标 ………………………………………………………… 52
 二、内容简介 ………………………………………………………… 52
 三、预习要览 ………………………………………………………… 52
 四、本章训练 ………………………………………………………… 53

第十章　产品成本计算的分批法 ………………………………………… 65
 一、学习目标 ………………………………………………………… 65
 二、内容简介 ………………………………………………………… 65
 三、预习要览 ………………………………………………………… 66
 四、本章训练 ………………………………………………………… 66

第十一章　产品成本计算的分步法 ……………………………………… 73
 一、学习目标 ………………………………………………………… 73
 二、内容简介 ………………………………………………………… 73
 三、预习要览 ………………………………………………………… 74
 四、本章训练 ………………………………………………………… 74

第十二章　产品成本计算的其他方法 …………………………………… 84
 一、学习目标 ………………………………………………………… 84
 二、内容简介 ………………………………………………………… 84
 三、预习要览 ………………………………………………………… 85
 四、本章训练 ………………………………………………………… 85

第十三章　标准成本制度 ………………………………………………… 91
 一、学习目标 ………………………………………………………… 91
 二、内容简介 ………………………………………………………… 91
 三、预习要览 ………………………………………………………… 91
 四、本章训练 ………………………………………………………… 92

第十四章　成本报表 ·· 95
　一、学习目标 ··· 95
　二、内容简介 ··· 95
　三、预习要览 ··· 96
　四、本章训练 ··· 96
第十五章　成本分析与成本考核 ·· 101
　一、学习目标 ··· 101
　二、内容简介 ··· 101
　三、预习要览 ··· 102
　四、本章训练 ··· 102
第十六章　成本会计创新专题 ··· 107
　一、学习目标 ··· 107
　二、内容简介 ··· 107
　三、预习要览 ··· 108
参考答案与解析 ·· 109
参考文献 ·· 135

第一章 Chapter 1

总 论

一、学习目标

（一）知识目标

1. 了解成本会计的概念和对象
2. 掌握成本会计的职能和任务
3. 了解成本会计的组织

（二）能力目标

1. 能够正确地区分理论成本和实际成本
2. 能查找与成本会计相关的会计准则与法规内容等资料
3. 能够根据企业规模科学地组织成本会计工作

二、内容简介

理解成本的概念，可以从理论成本和实际成本两个角度进行。在实践中，成本是按照现行的会计法律法规规定的成本开支范围，以正常生产经营活动为前提，根据生产过程中实际消耗的物化劳动的转移价值和活劳动所创造价值中纳入成本范围的那部分价值的货币表现。成本按照不同的标准，分为不同的种类。产品成本是指企业为生产一定种类和数量的产品所发生的各种耗费的总和，包括直接材料、直接人工、燃料及动力等直接费用，也包括制造费用。支出、费用、成本之间既有联系，也有区别。

成本会计是运用会计的基本原理和一般原则，以货币为主要计量单位，采用一定的技术方法，对企业生产经营过程中发生的各项耗费和产品（劳务）成本进行连续、系统、全面、综合的核算和监督的一种管理活动。

现代成本会计的职能有基本职能和主要职能两大类。狭义的成本会计是指进行成本核算与分析的会计。成本会计是会计的一个重要分支,是企业经营管理的重要组成部分。因此,成本会计的任务决定于企业经营管理的要求,并受制于成本管理的要求。

成本会计工作的组织主要包括:设置成本会计机构、配备成本会计人员、建立健全成本会计法规和制度等。

三、预习要览

(一)重点

成本及成本会计的概念;成本会计的职能及任务。

(二)难点

成本会计的分类;成本会计的工作组织。

(三)重要概念

成本 直接成本 间接成本 成本开支范围 期间费用 成本会计 成本预测 成本决策 成本控制 成本计划 成本核算 成本分析 成本考核

(四)关键问题

1. 成本的经济内涵是什么?
2. 什么是理论成本?什么是经济成本?
3. 成本的作用有哪些?
4. 成本按经济用途是如何分类的?这种分类有何作用?
5. 成本按其习性如何分类?这种分类有何作用?
6. 成本会计的基本职能和主要职能有哪些?

四、本章训练

(一)单项选择题

1. 成本会计是会计的一个分支,是一种专业会计,其对象是( )。
   A. 企业　　　B. 成本　　　C. 资金　　　D. 会计主体
2. 成本会计最基本的职能是( )。
   A. 成本预测　B. 成本决策　C. 成本核算　D. 成本考核
3. 成本会计的环节,是指成本会计应做的几个方面的工作,其基础是( )。
   A. 成本控制　B. 成本核算　C. 成本分析　D. 成本考核
4. 成本会计的一般对象可以概括为( )。
   A. 各行业企业生产经营业务的成本

B. 各行业企业有关的经营管理费用

C. 各行业企业生产经营业务的成本和有关的经营管理费用

D. 各行业企业生产经营业务的成本、有关的经营管理费用和各项专项成本

5. 实际工作中的产品成本是指(　　)。

A. 产品的生产成本

B. 产品生产的变动成本

C. 产品所耗费的全部成本

D. 生产中耗费的用货币额表现的生产资料价值

6. 产品成本是指(　　)。

A. 企业为生产一定种类、一定数量的产品所支出的各种生产费用的总和

B. 企业在一定时期内发生的,用货币额表现的生产耗费

C. 企业在生产过程已经耗费的、用货币额表现的生产资料的价值

D. 企业为生产某种、类、批产品所支出的一种特有的费用

7. 按产品的理论成本,不应计入产品成本的是(　　)。

A. 生产管理人员工资　　　　　B. 废品损失

C. 生产用动力　　　　　　　　D. 设备维修费用

8. 所谓理论成本,就是按照马克思的价值学说计算的成本,它主要包括(　　)。

A. 已耗费的生产资料转移的价值

B. 劳动者为自己劳动所创造的价值

C. 劳动者为社会劳动所创造的价值

D. 已耗费的生产资料转移的价值和劳动者为自己劳动所创造的价值

9. 正确计算产品成本,应该做好的基础工作是(　　)。

A. 各种费用的分配　　　　　　B. 正确划分各种费用界限

C. 建立和健全原始记录工作　　D. 确定成本计算对象

10. 集中核算方式和分散核算方式是指(　　)的分工方式。

A. 企业内部各级成本会计机构　B. 企业内部成本会计职能

C. 企业内部成本会计对象　　　D. 企业内部成本会计任务

(二)多项选择题

1. 产品的理论成本是由产品生产所耗费的若干价值构成,包括(　　)。

A. 剩余价值

B. 劳动者为社会创造的价值

C. 生产中消耗的生产资料价值

D. 劳动者为自己的劳动所创造的价值

E. 劳动者为企业创造的价值

2. 成本会计的环节是指成本会计工作应该做好的几个方面,具体包括( )。
   A. 成本的预测和决策　　　　　　　B. 成本的核算和控制
   C. 成本的考核和分析　　　　　　　D. 成本的计划
   E. 设置成本核算机构

3. 现代成本会计的对象,应该包括各行业企业的( )。
   A. 生产经营业务成本　　　　　　　B. 经营管理费用
   C. 专项成本　　　　　　　　　　　D. 机会成本
   E. 可控成本

4. 企业成本会计工作组织有集中工作方式和分散工作方式两种,具体应用哪一种方式应考虑的因素有( )。
   A. 企业规模大小　　　　　　　　　B. 成本会计人员的数量和素质
   C. 是否有利于成本会计作用的发挥　D. 经营管理的要求
   E. 是否有利于提高工作效率

5. 成本会计的基础工作中,要建立健全的原始记录主要包括( )。
   A. 材料物资的原始记录　　　　　　B. 劳动资源方面的原始记录
   C. 设备使用方面的原始记录　　　　D. 费用开支方面的原始记录
   E. 其他方面的原始记录

6. 现代成本会计阶段的主要内容包括( )。
   A. 开展成本的预测和决策　　　　　B. 实行目标成本计算
   C. 实施责任成本核算　　　　　　　D. 实行变动成本计算法
   E. 推行质量成本核算

7. 产品成本项目包括的内容是( )。
   A. 废品损失　　B. 直接人工　　　　C. 制造费用
   D. 应付职工薪酬　E. 管理费用

8. 成本是( )。
   A. 生产耗费的补偿尺度　　　　　　B. 制定价格的重要依据
   C. 进行经营预测的重要依据　　　　D. 进行经营决策和分析的重要依据
   E. 反映企业工作质量的一个综合指标

9. 成本会计发展的四个阶段是( )。
   A. 早期成本会计阶段　　　　　　　B. 近代成本会计阶段
   C. 现代成本会计阶段　　　　　　　D. 发展成本会计阶段
   E. 战略成本会计阶段

10. 成本会计的目标包括( )。
    A. 成本会计信息的服务内容　　　　B. 成本会计信息的服务原则

C. 成本会计信息的服务方式　　　D. 成本会计信息的服务目标
E. 成本会计信息的服务对象

(三)判断题

1. 在成本会计的各个环节中,成本预测是基础,没有成本预测,其他环节都无法进行,因而也就没有了成本会计。（　）
2. 在进行成本预测、成本决策和编制成本计划的过程中,也应进行成本控制,这种成本控制也称成本的事后控制。（　）
3. 企业生产经营活动的原始记录,是进行成本预测、编制成本计划、进行成本核算的依据。（　）
4. 因为成本是产品价值的组成部分,所以成本必然会通过销售收入得到补偿。（　）
5. 从理论上讲,商品价值中的补偿部分,就是商品的理论成本。（　）
6. 成本会计的决策职能是预测职能的前提。（　）
7. 工业企业发生的各项费用都应计入产品成本。（　）
8. 实际工作中,确定成本的开支范围应以成本的经济实质为理论依据。（　）
9. 产品成本也就是产品的制造成本。（　）
10. 产品成本是生产产品时发生的各种制造费用之和。（　）

第二章 Chapter 2

成本核算的基本要求和一般程序

一、学习目标

（一）知识目标

1. 了解制造企业成本核算的原则
2. 掌握制造企业成本核算的基本要求
3. 掌握成本总分类核算以及明细核算的一般程序

（二）能力目标

1. 熟练开设与登记基本生产成本、辅助生产成本和制造费用明细账户
2. 掌握产品成本核算的账户设置及其运用

二、内容简介

成本核算在企业经营管理中起着十分重要的作用。成本核算应遵循实际成本计价原则、成本分期原则、合法性原则、重要性原则、一贯性原则和权责发生制原则；对企业成本核算的基本要求包括严格执行国家规定的成本开支范围、费用开支标准和正确划分各种产品成本的界限、建立健全责任制以及做好成本核算的各种基础工作。

在进行成本核算中，要正确区分成本与费用、成本项目之间的关系。企业在进行成本总分类核算中需要经过六步骤，包括：(1)确定成本计算对象和成本项目，开设产品成本明细账；(2)生产要素费用的分配；(3)辅助生产车间制造费用的分配；(4)辅助生产费用的分配；(5)制造费用的分配；(6)月末，生产费用在完工产品与在产品之间的分配。

在进行明细分类核算时，要根据企业的规模大小和生产的特点，采用不同的成本明细核算制度。在规模比较小的企业中，一般实行一级成本核算制。一级成本核算制是指成本核算工

作完全集中在厂部财务部门进行的核算方式。规模比较大的企业中,一般实行两级成本核算制。两级成本核算制是指成本核算工作由厂部和车间两级财务部门进行的核算方式,在两级成本核算制下,各车间配有专职的成本核算人员,计算各车间产品的制造成本;厂部财务人员则将各车间的成本进行汇总,计算出全厂各种产品成本。

为完成成本核算工作,需要设置"基本生产成本""辅助生产成本""制造费用"等会计科目。

三、预习要览

(一)重点

产品成本核算的基本要求;划分成本费用的界限;产品成本总分类核算的程序;进行成本核算使用的会计科目。

(二)难点

成本核算总分类程序;一级成本核算制与两级成本核算制下,成本明细核算的程序;进行成本核算使用会计科目的内容、结构和用途。

(三)重要概念

成本核算　成本核算原则　实际成本计价原则　成本分期原则　权责发生制原则　一级成本核算制　两级成本核算制

(四)关键问题

1. 进行成本核算时应遵循的原则是什么?
2. 进行成本核算时应正确划分哪几个成本费用的界限?
3. 进行成本核算时应设置哪些会计科目?
4. 进行成本总分类核算时,应经过哪几步程序?
5. 成本核算工作的意义和作用是什么?

四、本章训练

(一)单项选择题

1. "制造费用"科目没有期末余额的情况是(　　)。
   A. 大量大批单步骤生产企业
   B. 大量大批多步骤生产企业
   C. 制造费用采用当月分配法分配
   D. 制造费用采用年度计划分配率法分配
2. 直接用于产品生产的燃料费用,应直接计入或分配计入产品成本,其科目是(　　)。

A. 基本生产成本 B. 管理费用
C. 制造费用 D. 销售费用

3. 基本生产车间管理人员的工资、福利费等职工薪酬,应记入( )科目和所属明细账的借方,同时,贷记"应付职工薪酬"科目。

A. 基本生产成本 B. 管理费用
C. 制造费用 D. 销售费用

4. 某企业2009年3月份发生的费用有:计提车间用固定资产折旧10万元,发生车间管理人员工资40万元,支付广告费30万元,预提短期借款利息20万元,支付劳动保护费10万元,则该企业3月份发生的制造费用为( )万元。

A. 50 B. 60
C. 100 D. 110

5. 成本核算中为了保证成本核算方法前后期的一致,应坚持( )。

A. 分期性原则 B. 适应性原则
C. 历史成本计价原则 D. 一贯性原则

6. 企业生产类型及管理要求对成本计算的影响,最主要的方面是( )。

A. 成本计算期 B. 在产品成本计价
C. 成本计算对象 D. 完工产品计算

7. 下列事项中,不属于成本项目的有( )。

A. 直接材料 B. 折旧费用
C. 制造费用 D. 直接人工

8. 下列各项费用中,不应计入产品成本的是( )。

A. 废品损失 B. 季节性的停工损失
C. 车间生产设备的日常维修费 D. 修理期间的停工损失

9. 下列各项中,属于间接生产费用的是( )。

A. 管理用机器设备折旧费用 B. 车间厂房折旧费用
C. 生产产品耗用材料 D. 生产工人工资

10. 生产车间固定资产修理期间发生的停工损失应计入( )。

A. 产品成本 B. 营业外支出
C. 管理费用 D. 废品损失

11. 在一级成本核算制下,"基本生产成本明细账"一般按( )设置专栏。

A. 车间、部门 B. 费用项目
C. 成本项目 D. 费用发生顺序

12. 在两级成本核算制下,"厂部制造费用明细账"一般按( )设置专栏。

A. 车间、部门 B. 费用项目

C. 成本项目　　　　　　　　　　D. 费用发生时间

13. 制造费用应分配记入(　　)账户。

A. 基本生产成本和辅助生产成本

B. 基本生产成本和期间费用

C. 生产成本和管理费用

D. 财务费用和营业费用

14. 下列各项中，不计入产品成本的费用是(　　)。

A. 直接材料费用　　　　　　　　B. 辅助车间管理人员工资

C. 车间厂房折旧费　　　　　　　D. 厂部办公楼折旧费

(二)多项选择题

1. 下列各项中，最终会归集到基本生产成本中的有(　　)。

A. 生产工人的待业保险费　　　　B. 车间管理人员的工资

C. 生产工人的劳动保护费　　　　D. 生产车间经营租赁租入设备的租金

E. 专设销售机构的设备折旧费

2. 下列各项中，应计入产品成本的有(　　)。

A. 预计产品质量保证损失　　　　B. 车间照明耗用电费

C. 车间设备的日常维修费用　　　D. 车间管理用设备计提的折旧费

E. 行政部门的设备维修费用

3. 为了正确计算产品成本，必须正确划分的企业成本的界限包括(　　)。

A. 产品成本与期间费用的界限　　B. 各会计期间成本的界限

C. 不同产品成本的界限　　　　　D. 完工产品与在产品成本的界限

E. 各个成本项目之间的界限

4. 下列与生产经营活动无关的耗费包括(　　)。

A. 对外投资支出　　　　　　　　B. 购买固定资产支出

C. 筹资费用　　　　　　　　　　D. 捐赠支出

E. 生产车间发生的办公费

5. 制造费用是指企业为生产产品和提供劳务而发生的各项间接成本，包括(　　)。

A. 生产车间管理人员的工资等职工薪酬　　B. 劳动保护费

C. 车间管理用设备折旧费　　　　D. 生产工人的职工薪酬

E. 生产产品耗用燃料费

6. 以下通过"制造费用"科目核算的项目有(　　)。

A. 车间管理人员的工资和福利费　　B. 厂房的折旧费

C. 车间机物料消耗　　　　　　　D. 季节性和修理期间的停工损失

E. 行政部门机物料消耗

7. 以下针对成本与费用的关系说法正确的有(　　)。
   A. 产品成本是对象化的费用
   B. 费用涵盖范围宽,着重按会计期间进行归集;产品成本着重于按产品进行归集
   C. 产品成本是费用总额的一部分,只包括完工产品的费用,不包括期间费用和期末未完工产品的费用和其他费用
   D. 产品成本是费用总额的一部分,既包括完工产品的费用,也包括期间费用和期末未完工产品的费用
   E. 费用着重于按会计期间进行归集,既包括计入产品成本的费用,也包括计入损益的期间费用

8. 下列各项费用中,不应计入产品生产成本的有(　　)。
   A. 直接人工   B. 管理费用
   C. 财务费用   D. 制造费用
   E. 直接材料

9. "基本生产成本"科目的借方登记内容包括(　　)。
   A. 生产过程中耗用的直接材料费用   B. 生产过程中发生的直接人工费用
   C. 分配转入的制造费用   D. 分配转入的辅助生产费用
   E. 完工转出的产品成本

10. 在一级成本核算制下,企业应设置的明细账有(　　)。
    A. 基本生产成本明细账   B. 制造费用明细账
    C. 产成品计算单   D. 辅助生产费用明细账
    E. 厂部基本生产成本明细账

11. 在两级成本核算制下,企业厂部应设置的明细账有(　　)。
    A. 厂部基本生产成本明细账   B. 厂部制造费用明细账
    C. 厂部辅助生产费用明细账   D. 厂部管理费用明细账
    E. 厂部完工产品成本汇总计算表

12. 下列各项中,属于成本项目的是(　　)。
    A. 直接人工   B. 燃料及动力
    C. 废品损失   D. 制造费用
    E. 直接材料

13. 下列各项中,应计入制造费用的有(　　)。
    A. 生产用固定资产的折旧费   B. 管理用固定资产的折旧费
    C. 生产工人的工资   D. 生产车间管理用具的摊销
    E. 车间发生的财产保险费

14. 下列各项中,应计入产品成本的费用有(　　)。

A. 车间机物料消耗　　　　　　B. 季节性停工损失
C. 车间设计制图费　　　　　　D. 在产品的盘亏损失
E. 劳动保险费

(三)判断题

1. 企业可以根据实际情况,增设"废品损失"成本项目。　　　　　　　(　　)
2. 当企业规模较大时,一般在进行成本核算时采用一级成本核算制;其成本核算的工作,需要由厂部财务部门和生产车间财务部门共同进行。　　　　　　　(　　)
3. 在只生产一种产品的工业企业或车间中,直接生产费用和间接生产费用都可以直接计入该种产品成本,都是直接计入费用,这种情况下,没有间接计入费用。　　　　　　　(　　)
4. 企业当月发生的制造费用,无论采用什么分配方法,在期末时一定无余额。　　　　　　　(　　)
5. 辅助生产车间如果只生产一种产品或只提供一种劳务,该车间无需设置"制造费用"账户,其所发生的各项间接费用,可连同直接费用一起直接计入"辅助生产成本"账户。　　　　　　　(　　)
6. 一级成本核算制是指成本核算工作完全集中在厂部财务部门进行的核算方式;而两级成本核算制是指成本核算工作由厂部和车间两级财务部门进行的核算方式。　　　　　　　(　　)
7. 企业基本生产车间的生产设备折旧费、日常维修费等,应记入"制造费用"账户进行核算。　　　　　　　(　　)
8. 两级成本核算制下的"厂部基本生产成本明细账"与一级成本核算制下的"基本生产成本明细账"均可按成本项目设置。　　　　　　　(　　)
9. 对于生产具有季节性的企业,其制造费用的分配可采用按年度计划分配率分配法。　　　　　　　(　　)
10. 企业在分配制造费用时,应先将基本生产车间的制造费用分配后,再分配辅助生产车间的制造费用。　　　　　　　(　　)

第三章
Chapter 3

生产费用要素的核算

一、学习目标

（一）知识目标

1. 了解要素费用的概念
2. 熟练地掌握材料费用、人工薪酬和折旧费用的归集和分配
3. 基本掌握其他费用的核算

（二）能力目标

1. 能对企业发生的生产要素费用进行确认、计量、分配和核算
2. 能填制相关原始凭证，编制各种费用分配表，并根据有关的费用凭证或费用分配表编制记账凭证

二、内容简介

会计上将按费用的经济内容或性质不同所作的分类，称为要素费用，包括生产费用要素和期间费用要素。生产费用要素是指制造业在一定时期内发生的、能够用货币表现的生产耗费，包括材料费用、动力费用、职工薪酬费用、折旧费用等内容。期间费用要素包括管理费用、销售费用和财务费用。

生产费用的核算包括各项生产费用的归集和分配。要素费用的归集通过原始凭证或原始凭证汇总表；要素费用的分配通过一定的方法进行。制造企业的各项生产要素的分配原理是相同的，主要由以下三步进行：一是要素费用的归集，即待分配的费用金额；二是费用分配的标准，即分配的依据；三是费用分配率，即待分配的费用金额/费用分配的标准。

生产费用的归集和分配，包括材料费用可采用定额耗用量比例法、产品产量比例法、产品

重量比例法和材料定额比例法进行分配;职工薪酬费用包括计时工资、计件工资、日薪、月薪下日薪工资的计算;折旧费用和其他费用的核算。

三、预习要览

(一)重点

生产费用要素内容,生产费用要素和成本项目的关系,生产费用要素分配的一般原则;材料费用分配方法的概念、计算和核算;职工薪酬费用分配方法的概念、计算和核算;折旧费和其他费用的核算。

(二)难点

各生产费用要素的计算、分配与账务处理。

(三)重要概念

生产费用　费用要素　材料费用　职工薪酬费用　外购动力费用　折旧费用

(四)关键问题

1. 简述费用要素和成本项目的区别与联系。
2. 什么是生产费用要素?包括哪些内容?
3. 成本与费用的区别是什么?
4. 简述材料费用的计算、分配与核算。
5. 简述职工薪酬费用的内容、计算、分配与核算。
6. 简述折旧费用和其他费用的核算。

四、本章训练

(一)单项选择题

1. 某企业生产甲、乙两种产品,2013年12月共发生生产工人工资70 000元,福利费10 000元。上述人工费按生产工时比例在甲、乙产品间分配,其中甲产品的生产工时为1 200小时,乙产品的生产工时为800小时。该企业生产甲产品应分配的人工费为(　　)元。

　　A. 28 000　　　　　　　　　　B. 32 000
　　C. 42 000　　　　　　　　　　D. 48 000

2. 某工业企业某月生产甲、乙两种产品,共同耗用A原材料,耗用量无法按产品直接划分。甲产品投产100件,原材料消耗定额为10千克;乙产品投产150件,原材料消耗定额为4千克。A原材料的计划单价为5元/千克。甲、乙两种产品实际消耗A原材料总量为1 440千克。A原材料定额消耗量和材料费用分配率分配应为(　　)。

　　A. 0.6和3　　　　　　　　　　B. 0.9和4.5

C.1.2 和 6 D.4.5 和 22.5

3. 下列不应计入产品生产成本的费用是( )。
   A.车间厂房折旧费 B.车间机物料消耗
   C.房产税、车船税 D.有助于产品形成的辅助材料

4. A、B 两种产品共同消耗的燃料费用为 8 000 元,A、B 两种产品的定额消耗量分别为 150 千克和 250 千克,则按燃料定额消耗量比例分配计算的 A 产品应负担的燃料费用为( )元。
   A.2 000 B.3 000
   C.4 000 D.8 000

5. 下列各项中,属于工业企业费用要素的是( )。
   A.薪酬费用 B.燃料及动力
   C.制造费用 D.原材料

6. 可以记入"直接材料"成本项目的材料费用是( )。
   A.为组织管理生产用的机物料
   B.为组织管理生产用的低值易耗品
   C.生产过程中间接耗用的材料
   D.直接用于生产过程中的原材料

7. 基本生产车间照明用电费应借记( )。
   A."管理费用"科目 B."基本生产成本"科目
   C."制造费用"科目 D."营业费用"科目

8. 生产费用分为直接生产费用和间接生产费用是按( )分类的结果。
   A.计入产品成本的方法 B.费用经济用途
   C.生产工艺关系 D.费用发生地点

9. 按产品材料定额成本比例分配法分配材料费用时,其适用的条件是( )。
   A.产品的产量与所耗用的材料有密切的关系
   B.产品的重量与所耗用的材料有密切的关系
   C.生产多种产品耗用多种材料
   D.各种材料的消耗定额比较准确稳定

10. 如果是采用按全年平均每月工作日天数的方法计算月薪制下的日工资时,用月标准工资除以( )天。
    A.30 B.21.75
    C.20.92 D.20.83

11. 某企业"基本生产成本"科目的期初余额为 40 万元,本期为生产产品发生直接材料费用 120 万元,直接人工费用 20 万元,制造费用 30 万元,企业行政管理费用 20 万元,本期结转

完工产品成本为160万元。假定该企业只生产一种产品,期末"基本生产成本"科目的余额为( )万元。

A. 10 B. 30
C. 50 D. 70

12. 下列各项中属于管理费用的有( )。
A. 企业专设销售机构人员的工资 B. 产品广告费用
C. 企业的职工教育经费 D. 车间的办公费用

13. 下列各项中属于直接生产费用的是( )。
A. 生产车间厂房的折旧费 B. 产品生产用设备的折旧费
C. 企业行政管理部门固定资产的折旧费 D. 生产工人薪酬费用

14. 应在本月计算折旧费用的固定资产是( )。
A. 以经营租赁方式租入的房屋 B. 本月内购进的机器设备
C. 已提足折旧仍然继续使用的设备 D. 本月减少的设备

15. 在企业未设置"燃料及动力"成本项目的情况下,生产车间发生的直接用于产品生产的动力费用,应借记的账户是( )。
A. 管理费用 B. 基本生产成本
C. 生产费用 D. 制造费用

16. 下列各项中,应计入产品成本的是( )。
A. 固定资产报废净损失 B. 支付的矿产资源补偿费
C. 预计产品质量保证损失 D. 基本生产车间设备计提的折旧费

17. 某企业固定资产采用年限法计提折旧,某类固定资产残值率为5%,预计使用15年,则年折旧率为( )。
A. 6.67% B. 6.33%
C. 5.37% D. 6%

(二)多项选择题

1. 下列属于成本项目"直接材料"的内容的有( )。
A. 备品配件 B. 机物料消耗
C. 运输、装卸、整理费用 D. 办公费
E. 周转材料

2. 下列各项中,属于生产费用要素的有( )。
A. 管理费用 B. 折旧费
C. 实收资本 D. 外购材料
E. 职工薪酬

3. 发生下列费用时,可以直接借记"基本生产成本"的是( )。

A. 车间照明用电费 B. 构成产品实体的原材料费用
C. 车间管理人员工资 D. 车间生产人员工资
E. 车间办公费

4. 下列属于成本项目的是( )。
A. 外购材料 B. 直接材料
C. 燃料及动力 D. 废品损失
E. 直接人工

5. 生产车间发生的计入产品成本的其他费用支出有( )。
A. 劳动保护费 B. 利息支出
C. 车间固定资产修理费 D. 水电费
E. 产品销售费

6. 要素费用的分配原则是( )。
A. 所有的费用均应采用一定的方法在各种产品之间进行分配
B. 直接费用直接计入产品成本
C. 直接费用分配计入产品成本
D. 间接费用直接计入产品成本
E. 间接费用分配计入产品成本

7. 下列项目应在"应付职工薪酬"科目中核算的有( )。
A. 计时工资 B. 社会保险费
C. 补贴和津贴 D. 职工生活困难补助
E. 长期病假人员工资

8. 下列项目中属于职工薪酬中包含的内容有( )。
A. 住房公积金 B. 工会经费与职工教育经费
C. 社会保险费 D. 职工生活困难补助
E. 职工福利费

9. 材料费用分配方法包括( )分配法。
A. 定额耗用量 B. 产品产量
C. 产品重量 D. 生产工时
E. 材料定额成本比例法

10. 计入产品成本的材料费用,根据其用途分配,计入相关科目借方的是( )。
A. 基本生产成本 B. 辅助生产成本
C. 制造费用 D. 管理费用
E. 销售费用

(三)判断题

1. 生产费用要素是将生产费用按经济内容分类的内容,成本项目是将生产费用按经济用途分类的内容。（　　）

2. 当燃料费用在产品成本中所占比重较大时,可与动力费合并设立"燃料及动力"成本项目。（　　）

3. "辅助生产成本"科目期末应无余额。（　　）

4. 直接生产费用既可以是直接计入费用,也可以是间接计入费用。（　　）

5. 材料费用的分配一般是通过编制材料费用分配表进行的。（　　）

6. 应付职工计件工资采用按全月满勤天数计算时,节假日不发工资,也不扣工资。（　　）

7. "基本生产成本"科目应该按成本计算对象设置明细分类账,账内按成本项目分设专栏或专行。（　　）

8. 企业生产经营的原始记录,是进行成本预测、编制成本计划、进行成本核算的依据。（　　）

9. 生产设备的折旧费用计入制造费用,因此它属于间接生产费用。（　　）

10. 产品成本项目就是计入产品成本的费用按经济内容分类核算的项目。（　　）

(四)计算分析题

1. 某企业本月生产 A 产品 25 台,B 产品 40 台,C 产品 50 台。共同耗用甲材料 3 672 千克,甲材料单价 5 元/千克。三种产品单位材料消耗量分别是 60 千克、40 千克和 10 千克。

要求:
(1) 计算定额耗用量分配率,并分配材料费用。
(2) 计算定额材料费用分配率,并分配材料费用。
(3) 编制材料费用分配的会计分录。

2. 某企业生产甲、乙两种产品,某月份共同领用 A 材料 2 375 千克,单位计划成本为 45 元,甲产品的材料消耗定额为 2.5 千克,乙产品的材料消耗定额为 3 千克,该月份甲产品的产量为 400 件,乙产品的产量为 500 件。A 材料成本差异为 -3%。

要求:
(1) 计算 A 材料消耗量分配率。
(2) 计算甲、乙产品应分配 A 材料的计划成本。
(3) 计算甲、乙产品应负担的材料成本。

3. 2014 年 3 月中兴公司共发生薪酬费用 125 500 元,其中基本生产车间工人薪酬 50 000 元,辅助生产车间工人薪酬 13 000 元,车间管理人员薪酬 15 000 元,行政管理人员薪酬 12 500 元,企业销售人员薪酬 35 000 元。企业生产两种产品,甲产品消耗的工时为 15 000 小时,乙产品消耗的工时为 5 000 小时。

要求：

（1）分配基本生产车间薪酬费用。

（2）编制相关薪酬发放和分配的分录。

4．2014 年 3 月中兴公司本月应支付电费共 38 000 元。月末各车间、部门耗电度数为：基本生产车间耗电 50 000 度（1 度 = 1 千瓦时（kW·h）），其中车间照明用电 5 000 度；辅助生产车间耗电 20 000 度，其中车间照明用电 3 000 度；企业管理部门耗电 6 000 度。生产用电采用生产工时进行分配，A 产品生产工时为 30 000 小时，B 产品生产工时为 20 000 小时。该企业基本车间明细账设有"燃料及动力费"成本项目；辅助车间不设"制造费用"明细账；所编分录列示到成本项目。

要求：

（1）在 A、B 产品按生产工时分配生产电力费用。

（2）编制该月支付与分配外购电费的会计分录。

Chapter 4

辅助生产费用的核算

一、学习目标

（一）知识目标
1. 熟练掌握辅助生产费用的核算内容
2. 熟练掌握辅助生产费用的归集和分配

（二）能力目标
1. 熟悉辅助生产费用归集的账户设置，并进行辅助生产费用归集
2. 根据实际情况选择最合适的方法，对辅助生产成本进行分配

二、内容简介

辅助生产费用的归集，是通过"辅助生产成本明细账"进行的；辅助生产费用的分配方法有直接分配法、一次交互分配法、计划成本分配法、顺序分配法和代数分配法五种。

1. 直接分配法

直接分配法是指不考虑辅助生产车间相互耗用劳务，而将辅助生产车间所发生的费用，分配给辅助生产车间以外的各受益部门的分配方法。这种方法适用于辅助生产车间相互提供的劳务比较小或交互分配的费用相差不大的企业。

2. 一次交互分配法

一次交互分配法是指辅助生产费用的分配，需进行对内和对外两次分配。第一次分配也叫对内分配，是指各辅助生产车间之间按相互提供的劳务数量进行交互分配，第二次分配也叫对外分配，是指将辅助生产车间的实际费用，直接分配给辅助生产车间以外的各受益部门分配的一种方法。这种方法适用于辅助生产车间相互提供的劳务量比较大的企业。

3. 计划成本分配法

计划成本分配法是指按辅助生产费用的计划成本和提供的劳务量在各受益部门之间分配辅助生产费用，然后将按计划成本分配的金额与辅助生产车间的实际费用进行比较，其差额一次性记入"管理费用"账户的方法。这种方法适用于计划成本资料比较健全、成本核算工作基础较好的企业。

4. 顺序分配法

顺序分配法是指各辅助生产车间按其相互提供劳务数量的多少排成顺序，受益少的辅助生产车间排在前面，先将费用分配出去，先分配的辅助生产车间不负担排在后面的辅助生产车间的费用，这种方法适用于辅助生产车间相互提供的产品或劳务数量有明显顺序的企业。

5. 代数分配法

代数分配法是指将辅助生产费用的单位成本设为未知数，应用多元一次联立方程式，通过方程求解，计算出各辅助生产车间劳务的单位成本，再根据各部门实际受益数量与单位成本分配辅助生产费用的一种方法。相对其他方法，代数分配法的计算结果最准确。这种方法适用于辅助生产车间数量不多或财务会计已实施电算化的企业。

企业究竟采用哪一种分配方法，应根据其生产经营的特点和管理上的要求确定。辅助生产费用的分配方法一经确定，不得随意变更。

三、预习要览

（一）重点

辅助生产费用核算的内容、辅助生产费用的分配方法以及各种分配方法的优缺点和适用范围、辅助生产费用核算的账务处理。

（二）难点

辅助生产费用的直接分配法、一次交互分配法、计划成本分配法、顺序分配法和代数分配法的特点、计算及其账务处理。

（三）重要概念

辅助生产车间　辅助生产费用　直接分配法　一次交互分配法　计划成本分配法　顺序分配法　代数分配法

（四）关键问题

1. 企业的辅助生产部门有哪些？辅助生产费用核算的特点是什么？
2. 各种辅助生产费用分配方法的适用范围和优缺点是什么？
3. 试述各种辅助生产费用分配方法的计算程序及如何进行账务管理。
4. 简述各种辅助生产费用分配方法的特点。

四、本章训练

(一)单项选择题

1.辅助生产车间发生的制造费用(   )。
A.必须通过"制造费用"总账账户核算
B.不必通过"制造费用"总账账户核算
C.根据具体情况,可以记入"制造费用"总账账户,也可以直接记入"辅助生产费用"账户
D.首先记入"辅助生产费用"账户

2.下列各项中,属于辅助生产费用分配方法的是(   )。
A.计划成本分配法
B.在产品按定额成本计价法
C.在产品按所耗直接材料成本计价法
D.在产品按固定成本计算法

3.在各种辅助生产费用的分配方法中,最为准确的方法是(   )。
A.直接分配法   B.交互分配法
C.顺序分配法   D.代数分配法

4.下列各项中,不属于辅助生产费用分配方法的是(   )。
A.按计划成本分配法   B.交互分配法
C.直接分配法   D.约当产量比例法

5.辅助生产费用的各种分配方法中,便于考核和分析各受益单位的成本,有利于分清各单位经济责任的方法是(   )。
A.交互分配法   B.计划成本分配法
C.直接分配法   D.顺序分配法

6.计划成本分配法的特点是(   )。
A.直接将辅助生产车间发生的费用分配给辅助生产车间以外的各个受益单位或产品
B.辅助生产车间生产的产品或劳务按照计划单位成本计算与分配
C.根据各辅助生产车间相互提供的产品或劳务的数量和成本分配率,在各辅助生产车间之间进行一次交互分配
D.按照辅助生产车间受益多少的顺序分配费用

7.企业采用计划成本分配法分配辅助生产费用,辅助生产车间实际发生的生产费用与按计划成本分配转出的费用之间的差额,应计入的科目是(   )。
A.生产成本   B.制造费用
C.管理费用   D.销售费用

8. 采用计划成本分配法分配辅助生产费用时,辅助生产成本的计划成本总额与实际费用的差额计入管理费用,其中实际费用指( )。
   A. 辅助生产车间直接发生的费用 + 按计划成本分配转入的费用 – 按计划成本分配转出的费用
   B. 辅助生产车间直接发生的费用 + 按计划成本分配转入的费用
   C. 辅助生产车间直接发生的费用
   D. 辅助生产车间直接发生的费用 + 基本生产车间发生的直接费用

9. 辅助生产交互分配后的实际费用,应再在( )进行分配。
   A. 各基本生产车间之间   B. 各受益单位之间
   C. 辅助生产以外的受益单位之间   D. 各辅助生产车间之间

10. 在各辅助生产车间相互提供劳务很少的情况下,适宜采用的辅助生产费用分配方法是( )。
    A. 直接分配法   B. 交互分配法
    C. 计划成本分配法   D. 代数分配法

11. 辅助生产费用直接分配法的特点是辅助生产费用( )。
    A. 直接记入"生产成本——辅助生产费用"科目
    B. 直接分配给所有受益的车间、部门
    C. 直接分配给辅助生产以外的各受益单位
    D. 直接计入辅助生产提供的劳务成本

12. 采用顺序法分配辅助生产费用时,其分配顺序是按( )标准分配的。
    A. 先辅助生产车间后基本生产车间   B. 先辅助生产车间内部后对外分配
    C. 辅助生产车间受益金额的多少   D. 辅助生产车间提供劳务的多少

(二)多项选择题

1. 辅助生产费用的分配方法主要包括( )。
   A. 代数分配法   B. 按计划成本分配法
   C. 交互分配法   D. 顺序分配法
   E. 按期初固定成本计算

2. 辅助生产车间一般不设置"制造费用"科目核算,是因为( )。
   A. 没有必要   B. 辅助生产车间不对外销售产品
   C. 为了简化核算工作   D. 辅助生产车间没有制造费用
   E. 辅助生产车间规模较小,发生的制造费用较少

3. 下列关于辅助生产费用顺序分配法的表述中,正确的有( )。
   A. 分配辅助生产费用的顺序是,受益少的先分配,受益多的后分配
   B. 分配辅助生产费用的顺序是,受益多的先分配,受益少的后分配

C.适用于各辅助生产车间之间相互受益程度有明显顺序的企业
D.适用于各辅助生产车间之间相互受益程度没有明显顺序的企业
E.辅助生产车间比较少的企业

4.下列有关辅助生产费用分配的说法中,正确的有(　　)。
A.采用直接分配法分配辅助生产费用,计算简单,但结果不够准确
B.按计划成本分配法,适用于辅助生产劳务计划单位成本比较准确的企业
C.顺序分配法的分配顺序是受益多的先分配,受益少的后分配
D.代数分配法是分配结果最正确的一种方法,但计算比较麻烦
E.顺序分配法的分配顺序是受益少的先分配,受益多的后分配

5.采用一次交互分配法分配辅助生产费用时,应该(　　)。
A.先在各受益车间、部门之间进行第一次分配
B.先在各辅助生产车间之间进行第一次分配
C.然后计算各辅助生产车间的实际费用
D.再在辅助生产车间之外的受益车间和部门之间进行一次对外分配
E.再在辅助生产车间、各受益车间和部门之间进行一次对外分配

6.分配辅助生产费用,贷记"辅助生产成本"科目时,对应的借方科目有可能是(　　)。
A.基本生产成本　　　　　　　　B.制造费用
C.管理费用　　　　　　　　　　D.销售费用
E.营业外支出

7.采用代数分配法分配辅助生产费用,(　　)。
A.能够简化费用的分配计算工作　　B.适用于实行电算化的企业
C.分配结果不够准确　　　　　　　D.能够提供正确的分配结果
E.适用于辅助生产车间数量不多的企业

8.采用计划成本分配法分配辅助生产费用(　　)。
A.可以简化费用的计算工作
B.有助于考核各辅助生产车间计划成本的完成情况
C.有利于分清各部门的经济责任
D.有助于提高成本计算的正确性
E.适用于计划成本资料比较健全、成本核算工作基础较好的企业

9.按计划成本分配法进行辅助生产费用的分配,(　　)。
A.辅助生产成本差异全部计入管理费用
B.计算的辅助生产的实际成本并不是真正意义上的实际成本
C.不必计算费用分配率
D.简化了成本核算工作

E.有利于考核辅助生产成本计划的执行情况
10.辅助生产费用的直接分配法的特点是(　　)。
A.核算工作简便　　　　　　　　B.计算结果最准确
C.计算结果不够准确　　　　　　D.适用于实行电算化的企业
E.适用于辅助生产相互提供劳务不多的情况

(三)判断题

1.采用顺序分配法分配辅助生产费用,其特点是受益少的先分配,受益多的后分配,先分配的辅助生产车间不负担后分配的辅助生产车间的费用。（　　）

2.辅助生产费用的直接分配法,就是将辅助生产费用直接计入各种辅助生产产品或劳务成本的方法。（　　）

3.采用顺序分配法分配辅助生产费用时,应按辅助生产车间受益多少顺序排列,受益多的排列在前,先将费用分配出去,受益少的排列在后,后将费用分配出去。（　　）

4.采用顺序分配法分配辅助生产费用,其特点是受益多的先分配,受益少的后分配,先分配的辅助生产车间不负担后分配的辅助生产车间的费用。（　　）

5.代数分配法适用于已经实现电算化的企业。（　　）

6.辅助生产车间发生的生产费用都直接记入"辅助生产成本"科目。（　　）

7.采用一次交互分配法分配辅助生产费用时,只对辅助生产车间以外的各个受益单位或产品分配,仅分配一次,计算简单,但分配结果不够准确。（　　）

8.采用计划成本分配法分配辅助生产费用时,按计划成本分配的辅助生产费用总额与实际费用的差额,是完全正确的成本差异,应直接摊入产品成本中。（　　）

9.辅助生产成本明细账一般采用多栏式明细账,账内按费用的明细设置专栏。（　　）

10.采用一次交互分配法分配辅助生产费用时,第一阶段的分配是对内分配,第二阶段的分配是对外分配。（　　）

(四)计算分析题

1.甲公司设有运输和修理两个辅助生产车间。运输车间的成本按运输吨公里比例分配,修理车间的成本按修理工时比例分配。该公司2014年2月有关辅助生产费用资料如下:

(1)运输车间本月共发生成本22 500元,提供运输劳务5 000吨公里;修理车间本月共发生成本240 000元,提供修理劳务640工时。

(2)运输车间耗用修理车间劳务40工时,修理车间耗用运输车间劳务500吨公里。

(3)基本生产车间耗用运输车间劳务2 550吨公里,耗用修理车间劳务320工时;行政管理部门耗用运输车间劳务1 950吨公里,耗用修理车间劳务280工时。

要求:(1)采用直接分配法分配辅助生产费用。

①编制甲公司的辅助生产费用分配表(不需列出计算过程)表(4.1)。

第四章 辅助生产费用的核算

表 4.1 辅助生产费用分配表(直接分配法)

2014 年 2 月　　　　　　　　　　　　　　　　　　　　　　　　　　单位:元

辅助生产车间名称		运输	修理	合计
待分配成本				
对外分配劳务数量				—
单位成本				—
基本生产车间	耗用数量			—
	分配金额			
行政管理部门	耗用数量			—
	分配金额			
合计				

②编制甲公司辅助生产费用分配的会计分录。
("生产成本"科目要求写出明细科目,答案中的金额单位用元表示。)
(2)补充:采用一次交互分配法(对外分配的分配率保留 4 位小数)。
①编制甲公司的辅助生产费用分配表(一次交互分配法)(表 4.2)。

表 4.2 辅助生产费用分配表(一次交互分配法)

2014 年 2 月　　　　　　　　　　　　　　　　　　　　　　　　　　单位:元

辅助生产车间名称			交互分配			对外分配		
			运输	修理	合计	运输	修理	合计
待分配成本								
提供劳务数量								
费用分配率(单位成本)								
辅助生产车间(记入"辅助生产费用")		运输	耗用量					
			分配金额					
		修理	耗用量					
			分配金额					
		小计						
基本生产车间(记入"制造费用")			耗用量					
			分配金额					
行政管理部门(记入"管理费用")			耗用量					
			分配金额					
合计								

②编制甲公司辅助生产费用分配的会计分录。
("生产成本"科目要求写出明细科目,答案中的金额单位用元表示。)

(3)补充:采用计划成本分配率分配法,运输服务的计划成本为5元/千米,修理服务的计划成本为350元/小时。

①编制甲公司的辅助生产费用分配表(计划成本分配法)(表4.3)。

表4.3 辅助生产费用分配表(计划成本分配法)
2014年2月
单位:元

辅助生产车间名称		运输	修理	合计
待分配成本				
提供劳务数量				
计划单位成本				
辅助生产车间	运输 耗用数量			
	分配金额			
	机修 耗用数量			
	分配金额			
基本生产车间	耗用数量			
	分配金额			
行政管理部门	耗用数量			
	分配金额			
按计划成本分配金额合计				
辅助生产实际成本				
辅助生产费用差异				

②编制甲公司辅助生产费用分配的会计分录以及结转差异的分录。

2.某工业企业有一车间、二车间两个基本生产车间,一车间生产甲、乙两种产品,二车间生产丙产品,还设有机修和供电两个辅助生产车间。该企业辅助生产车间的制造费用不通过"制造费用"账户核算。2013年6月各辅助生产车间发生的生产费用和劳务供应量资料见表4.4。

表4.4 辅助生产车间发生的生产费用和劳务供应量
2013年6月

受益单位	耗用劳务数量	
	修理工时/小时	用电度数
待分配费用	20 823元	53 624元
机修车间		15 940
供电车间	79	

续表4.4
2013年6月

受益单位		耗用劳务数量	
		修理工时/小时	用电度数
第一基本生产车间	甲产品		49 000
	乙产品		48 500
	一般耗用	3 100	2 000
第二基本生产车间	丙产品		30 000
	一般耗用	3 700	2 500
企业管理部门		141	2 060
合计		7 020	150 000

要求：根据上列有关资料，利用直接分配法分配机修与供电费用，编制相关会计分录。（计算时，分配率小数保留四位，分配的小数尾差计入管理费用。）

第五章
Chapter 5

制造费用的核算

一、学习目标

（一）知识目标

1. 熟练掌握制造费用的归集和分配
2. 熟练掌握制造费用分配的方法

（二）能力目标

1. 熟悉制造费用归集的账户设置，并进行制造费用账户的登记
2. 根据实际情况选择最合适的方法对制造费用进行分配，并进行账户处理

二、内容简介

制造费用是指为基本生产和辅助生产而发生的费用，应计入产品或劳务成本，但在"基本生产成本"和"辅助生产成本"账户中没有专设成本项目的各项生产费用。这些费用先要在"制造费用"科目中进行归集，然后通过一定的分配方法分配给相应的受益对象。

"制造费用"科目，按照不同的车间、部门设置明细账，账内设费用项目专栏或专行。

制造费用的分配方法一般有生产工时比例法、生产工人工资比例法、机器工时比例法和按年度计划分配率分配法。各种分配方法有不同的特点、适用范围、计算分配程序和优缺点。

三、预习要览

（一）重点

制造费用的内容和特点；制造费用的分配方法（生产工时比例法、生产工人工资比例法、机器工时比例法、按年度计划分配率分配法）。

（二）难点

生产工时比例法，生产工人工资比例法，机器工时比例法，按年度计划分配率分配法。

（三）重要概念

制造费用　生产工时比例法　生产工人工资比例法　机器工时比例法
按年度计划分配率分配法

（四）关键问题

1. 制造费用包括哪些内容？
2. 制造费用的分配方法有哪些？
3. 按年度计划分配率法分配制造费用，与其他方法有何不同？
4. 试比较不同制造费用分配方法的特点。

四、本章训练

（一）单项选择题

1. 生产工人工资比例分配法适用于(　　)。
   A. 季节性生产的车间
   B. 工时定额较准确的车间
   C. 各种产品生产的机械化程度相差不多的车间
   D. 机械化程度较高的车间

2. 季节性生产企业，其制造费用的分配宜采用(　　)。
   A. 年度计划分配率分配法　　　B. 生产工人工时比例分配法
   C. 生产工人工资比例分配法　　D. 机器工时比例分配法

3. 为了简化核算工作，制造费用的费用项目在设立时主要考虑的因素是(　　)。
   A. 费用的性质是否相同　　　　B. 是否直接用于产品生产
   C. 是否间接用于产品生产　　　D. 是否用于组织和管理生产

4. (　　)是指企业各个生产单位(分厂、基本生产车间)为组织和管理生产活动而发生的各项费用。
   A. 生产成本　　　　　　　　　B. 制造费用
   C. 基本生产成本　　　　　　　D. 辅助生产成本

5. 各生产单位的制造费用最终都必须分配计入(　　)。
   A. 生产成本　　　　　　　　　B. 制造费用
   C. 销售费用　　　　　　　　　D. 本年利润

6. 车间用于组织和管理生产的费用，如车间管理人员的工资、车间管理用房屋的折旧费等,应计入( )。

A.生产成本　　　　　　　　　B.制造费用
C.管理费用　　　　　　　　　D.车间费用

7.( )分配标准能将劳动生产率和产品分摊的制造费用紧密联系起来,正确地体现劳动生产率和产品成本的关系。

A.生产工时比例法　　　　　　B.生产工人工资比例法
C.机器工时比例法　　　　　　D.按年度计划分配率分配法

8.某车间按年度计划分配率分配法进行制造费用的分配,年度计划分配率为3.2元/小时,9月份"制造费用"科目月初贷方余额为500元,该月实际发生制造费用4 430元,实际产量定额工时为1 250小时,则该车间9月份应分配的制造费用为( )元。

A.4 000　　　B.4 200　　　C.4 120　　　D.3 980

9.接上题,该车间9月份"制造费用"科目的月末余额方向为( )元。

A.借方,70　　　　　　　　　B.贷方,30
C.借方,30　　　　　　　　　D.贷方,70

10.制造费用分配的关键在于正确选择( )。

A.受益对象　　　　　　　　　B.成本项目
C.会计科目　　　　　　　　　D.分摊标准

(二)多项选择题

1.下列各项中,属于制造费用项目的有( )。

A.生产车间的办公费　　　　　B.生产车间管理用具的摊销
C.自然灾害引起的停工损失　　D.生产车间管理人员的工资
E.生产设备的折旧费

2.制造费用的分配方法,主要包括( )。

A.生产工时比例法　　　　　　B.生产工人工资比例法
C.机器工时比例法　　　　　　D.年度计划分配率分配法
E.定额耗用量比例分配法

3.辅助生产车间一般不设置"制造费用"科目核算,是因为( )。

A.没有必要　　　　　　　　　B.辅助生产车间不对外销售产品
C.为了简化核算工作　　　　　D.辅助生产车间没有制造费用
E.辅助生产车间规模较小,发生的制造费用较少

4.制造费用是企业各个生产单位(分厂、基本生产车间)为组织和管理生产活动而发生的各项费用,下列属于制造费用的是( )。

A.车间管理人员工资和福利费
B.车间固定资产折旧费

C. 分厂行政管理部门人员工资和福利费

D. 车间生产用照明费、取暖费等

E. 车间固定资产日常维修费

5. 以下关于"制造费用"账户的说法中正确的有(　　)。

A. "制造费用"账户属集合配比类的账户

B. 由于不同行业、不同企业的制造费用构成各不相同,各生产企业应根据本行业、本企业的生产经营的特点和成本管理的需要,设置不同的明细科目

C. "制造费用"账户借方反映当期发生的全部制造费用,贷方反映月末的分配结转,月末一定没有余额

D. 为便于同行业的比较分析,应力争同行业设置相同的"制造费用"明细科目

E. 采用年度计划分配率分配法时,每月实际发生的制造费用与分配转出的制造费用金额不等,因此,"制造费用"科目一般有月末余额,可能是借方余额,也可能是贷方余额

6. 制造费用的分配标准有(　　)。

A. 产品生产工时　　　　　　B. 直接人工成本

C. 直接材料成本　　　　　　D. 直接材料数量

E. 完工产品数量

7. 制造费用包括(　　)。

A. 间接用于产品生产的费用

B. 直接用于产品生产的费用

C. 间接用于产品生产,设有专项成本项目的费用

D. 直接用于产品生产,没有专项成本项目的费用

E. 车间用于组织和管理生产的费用

8. 制造费用的分配不应该(　　)。

A. 在企业范围内统一分配　　B. 按班组分别进行分配

C. 按车间分别进行分配　　　D. 在所有车间范围内统一分配

E. 在生产工人之间分配

9. 制造费用主要是在为企业基本生产车间提供产品或劳务时发生的各项费用,包括(　　)。

A. 基本生产车间的办公费　　B. 生产车间管理人员的工资

C. 生产车间固定资产的折旧费　D. 基本生产车间的动力和燃料费

E. 生产产品用原材料

10. 在生产一种产品的情况下,对"制造费用"成本项目,下列说法正确的是(　　)。

A. 是间接生产费用　　　　　B. 是直接生产费用

C. 是直接计入费用　　　　　D. 是间接计入费用

E. 既包括间接生产费用,也包括没有专设项的直接生产费用

(三)判断题

1. "制造费用"科目的金额最终要转入"基本生产成本"账户,因此月末必然没有余额。
( )

2. 制造费用大部分是间接用于产品生产的费用,也有一部分直接用于产品生产,但管理上不要求单独核算,又不专设成本项目,可以直接计入产品生产成本。( )

3. 制造费用分配标准的选择主要是考虑制造费用与产品的关系或制造费用与生产量的关系。
( )

4. 制造费用的分配方法以及分配标准不能随意变动,以利于各期进行分析对比。( )

5. 用年度计划分配率分配法分配制造费用时,年度内如果发现全年的制造费用实际数和产量实际数与计划数发生较大差异时,也不能调整年度计划分配率。
( )

6. 制造费用与产品的生产工艺没有直接联系,因而都是间接计入费用。( )

(四)计算分析题

1. 某车间全年度计划制造费用为 26 400 元;全年各种产品的计划产量为:甲产品 300 件,乙产品 200 件;单件工时定额为:甲产品 4 小时,乙产品 5 小时;该车间某月实际产量为:甲产品 56 件,乙产品 40 件,实际发生制造费用为 3 800 元。

要求:

(1)计算年度计划分配率。

(2)按年度计划分配率分配制造费用。

(3)编制分配制造费用的会计分录。

2. 某企业的第一生产车间本月份共发生制造费用 51 820 元,其中折旧费和修理费为 26 880 元,其他费用为 24 940 元。该车间共生产甲、乙两种产品,甲产品机器工时为 300 小时,乙产品机器工时为 200 小时。甲产品生产工时为 2 500 小时,乙产品生产工时为 1 800 小时。

要求:根据上述资料,折旧费和修理费采用机器工时比例法,其他费用采用生产工时比例法分配制造费用,并将计算结果填入表 5.1 中。

表 5.1 制造费用分配表

产品名称	折旧费、修理费			其他费用			制造费用
	机器工时	分配率	分配金额	生产工时	分配率	分配金额	
甲产品							
乙产品							
合计							

第六章 Chapter 6

生产损失的核算

一、学习目标

（一）知识目标

1. 了解生产损失的概念
2. 掌握不可修复废品和可修复废品损失的核算
3. 掌握停工损失产生的原因及核算

（二）能力目标

1. 熟练不可修复废品损失的计算方法及账务处理
2. 熟练可修复废品损失的计算方法及账务处理

二、内容简介

生产损失包括废品损失和停工损失。为了单独核算废品损失和停工损失，在会计科目中应分别设置"废品损失"和"停工损失"科目，在成本项目中相应增设"废品损失"和"停工损失"项目。

不可修复废品和可修复废品的核算程序不同。由于不可修复废品的成本与合格产品的成本是归集在一起同时发生的，因而不可修复废品的成本要采用一定的方法予以确定，即按废品所耗实际费用计算的方法或废品所耗定额费用计算的方法予以确定。两种方法的适用条件和核算程序不尽相同。

停工损失按主管部门的规定确定计算停工损失的时间界限，发生停工损失的原因很多，应分别根据不同情况进行账务处理。

三、预习要览

(一)重点
生产损失、废品损失、停工损失包括的内容;废品的分类;废品损失的计算方法(按废品所耗实际费用计算;按定额成本计算);废品损失和停工损失的账务处理原则。

(二)难点
废品损失按所耗实际费用计算;废品损失按定额成本计算。

(三)重要概念
废品　可修复废品　不可修复废品　工废　料废

(四)关键问题
1. 生产损失包括哪些内容?
2. 废品是如何进行分类的?这样分类有何意义?
3. 废品损失的核算内容有哪些?
4. 停工损失的核算内容有哪些?

四、本章训练

(一)单项选择题

1. 下列各项中,应确认为可修复废品损失的是(　　)。
   A. 返修以前发生的生产费用
   B. 可修复废品的生产成本
   C. 返修过程中发生的修复费用
   D. 可修复废品的生产成本加上返修过程中发生的修复费用

2. 下列各项中,应核算停工损失的是(　　)。
   A. 机器设备故障发生的大修理　　　　B. 季节性停工
   C. 不满一个月的停工　　　　　　　　D. 辅助生产车间设备的停工

3. 在进行产品成本核算时,要求单独核算的废品损失一般(　　)。
   A. 存在产品和完工产品之间采用特定方法进行分配
   B. 全部由完工产品成本负担
   C. 直接作为期间费用
   D. 全部由月末在产品负担

4. 应计入产品成本的停工损失是(　　)。
   A. 由于火灾造成的停工损失

B. 应由过失单位赔偿的停工损失

C. 季节性和固定资产修理期间的停工损失

D. 由于地震造成的停工损失

5. 实行包退、包修、包换"三包"的企业,在产品出售以后发现的废品所发生的一切损失,在财务上应计入(　　)。

 A. 废品损失   B. 营业外支出

 C. 管理费用   D. 基本生产成本

6. 计算不可修复废品的生产成本,可以按废品所耗的实际费用,也可以按废品所耗的(　　)。

 A. 消耗定额   B. 定额费用

 C. 定额消耗   D. 费用定额

7. 下列关于生产损失的说法错误的是(　　)。

 A. 生产损失是企业生产过程中发生的各种损失,包括废品损失和停工损失

 B. 生产损失是由于工人主观原因造成的,因此可以避免

 C. 如果生产损失金额较小,为了简化成本核算,可不进行核算

 D. 如果生产损失金额较大,为了控制损失的金额同时明确经济责任,有必要进行单独核算

8. 下列各项中,不应计入废品损失的是(　　)。

 A. 可修复废品的生产成本   B. 不可修复废品的生产成本

 C. 可修复废品的人工费用   D. 可修复废品的材料费用

9. 按废品所耗定额费用计算、分配废品损失(　　)。

 A. 核算工作量较大   B. 与实际情况符合

 C. 不受废品成本量差影响   D. 便于成本分析和考核

10. 可修复废品返修前发生的费用(　　)。

 A. 借记"废品损失"   B. 贷记"基本生产成本"

 C. 借记"原材料"   D. 留在"基本生产成本"中,不转出

(二)多项选择题

1. 计算废品净损失时,应考虑的内容有(　　)。

 A. 生产过程中发现的不可修复废品的生产成本

 B. 可修复废品的修复费用

 C. 废品的残值

 D. 废品的应收赔款

 E. 入库后发现的生产过程中造成的不可修复废品的生产成本

2. 可修复废品的确认,必须满足的条件有(　　)。

A. 经过修理仍不能使用的　　　　　　B. 所花费的修复费用在经济上合算的
C. 经过修理可以使用的　　　　　　　D. 所花费的修复费用在经济上不合算的
E. 不经过修理也可以使用的

3. "废品损失"由以下(　　)部分构成。
A. 不可修复废品的生产费用　　　　　B. 可修复废品的修理费用
C. 扣除回收的废品残料价　　　　　　D. 降价损失
E. 可修复废品返修以前的生产费用

4. 关于停工损失，下列说法正确的有(　　)。
A. 包括停工期间发生的原材料、人工和制造费用
B. 不单独核算停工损失的企业，只能在"营业外支出"科目中反映
C. "停工损失"科目月末无余额
D. 辅助生产一般不单独核算停工损失
E. 企业由于季节性停工损失，也包括在停工损失核算的范围之内

5. 废品按其是否可以修复和经济上是否合算，可分为(　　)。
A. 工废　　　　　　　　　　　　　　B. 料废
C. 可修复废品　　　　　　　　　　　D. 不可修复废品
E. 废品损失

6. 在计算废品损失时，一般包括以下一些项目(　　)。
A. 可修复废品的修复费用　　　　　　B. 不可修复废品的修复费用
C. 不可修复废品的成本　　　　　　　D. 不可修复废品的残值
E. 过失人承担的赔款损失

7. 在下列各项损失中，不属于废品损失的项目是(　　)。
A. 产品入库后发现的生产中发生的废品的损失
B. 产品入库后发现的由于保管不当发生的损失
C. 出售后发现的废品由于包退发生的损失
D. 出售后发现的废品由于包修发生的损失
E. 降价出售的不合格品的降价损失

8. "废品损失"科目贷方的对应科目可能有(　　)。
A. "生产成本"科目　　　　　　　　　B. "其他应收款"科目
C. "制造费用"科目　　　　　　　　　D. "原材料"科目
E. "营业外支出"科目

9. "废品损失"科目借方的对应科目可能有(　　)。
A. "生产成本"科目　　　　　　　　　B. "其他应收款"科目
C. "制造费用"科目　　　　　　　　　D. "原材料"科目

E."应付职工薪酬"科目
10."停工损失"科目借方的对应科目可能有(　　)。
A."原材料"科目　　　　　　　　B."应付职工薪酬"科目
C."制造费用"科目　　　　　　　D."管理费用"科目
E."生产成本"科目

(三)判断题
1.可修复废品返修以前发生的费用,应转出至"废品损失"科目中进行成本核算。(　)
2.可修复废品是指经过修理可以使用的废品。(　)
3.停工损失费用通过设置"停工损失"账户来核算,借方根据停工单及有关凭证登记停工期间发生的费用,贷方登记结转金额。(　)
4.可修复废品是指经过修理后可以使用的。(　)
5.对于产品三包损失,也应作为废品损失处理。(　)
6.非季节性的停工损失,应列入"营业外支出"科目当中。(　)
7.不可修复的废品只是指不能修复的废品。(　)
8.废品损失还包括不需要返修、可以降价出售的不合格品的降价损失。(　)
9.废品损失包括产成品入库后由于保管不当造成的损失。(　)
10.废品损失包括实行包退、包换、包修的企业在产品出售后发现废品时所发生的一切损失。(　)

(四)计算分析题
1.某制造企业各种费用分配表中列示甲种产品不可修复废品的定额成本资料为:不可修复废品5件,每件原材料费用定额100元;每件定额工时为30小时。每小时直接人工费用为3元,制造费用4元。不可修复废品成本按定额成本计价。不可修复废品的残料价值按计划成本计价,共160元,作为辅助材料入库;应由过失人赔款120元。废品净损失由当月同种产品成本负担。

要求:
(1)计算甲产品不可修复废品的生产成本。
(2)计算甲产品不可修复废品的净损失。
(3)编制有关会计分录。

2.某企业生产车间由于机器故障停工4日,停工期间发生的费用为:原材料费用500元,工资及福利费用400元,制造费用300元。应由保险公司赔偿款为500元。假定该生产车间生产A、B两种产品。本月生产工时总数为1 500小时,其中A产品生产工时为500小时,B产品生产工时为1 000小时。停工损失采用生产比例法分配。

要求:计算停工损失并进行账务处理。

第七章
Chapter 7

完工产品成本与在产品成本的计算

一、学习目标

（一）知识目标

1. 了解制造企业中在产品数量核算的意义和方法
2. 掌握完工产品与月末在产品之间的分配生产费用的各种方法计算与应用
3. 理解各种分配方法的应用条件，及其对于计算完工产品成本和月末在产品成本的意义

（二）能力目标

1. 能设置在产品台账并进行收付存记录，对在产品进行实地盘存
2. 掌握生产费用在完工产品与期末在产品之间分配的各种方法及其应用条件
3. 熟练运用约当产量法计算期末在产品的约当产量，并计算完工产品总成本与单位成本

二、内容简介

在期末存在在产品的情况下，需将生产费用在完工产品与月末在产品之间，采用各种分配方法进行分配。生产费用在完工产品与月末在产品之间的分配方法很多，本章讲述了七种，这些分配方法各有其不同的特点、适用范围和计算程序。

某种产品采用哪种分配方法，是根据具体条件确定的，这些具体条件是：①月末在产品数量的多少；②各月在产品数量变化的大小；③各项费用比重的大小；④定额管理基础的好坏等。

完工产品与在产品之间分配费用的方法有：不计算在产品成本法、按年初数固定计算在产品成本法、在产品按所耗原材料费用计价法、约当产量比例法、在产品按完工产品成本计算法、在产品按定额成本计价法和定额比例法。这些分配方法各有特点和适用条件。

生产费用的分配方法通常可以归纳为两类：一类是根据"本月完工产品成本＝本月生产

费用＋月初在产品成本－月末在产品成本"公式,先确定月末在产品成本,再计算出完工产品成本;另一类是根据"月初在产品成本＋本月生产成本＝完工产品成本＋月末在产品成本"公式,将前两项之和在后两项之间按照一定的比例进行分配,同时计算出完工产品成本和月末在产品成本。

三、预习要览

(一)重点

掌握在产品、广义在产品、狭义在产品的含义;在产品的计算模式;在产品成本计算方法(约当产量法、定额成本法、定额比例法、按所耗原材料计算法)的计算、优缺点以及适用范围;完工产品成本的计算以及结转。

(二)难点

在产品约当产量的计算;分工序生产条件下直接材料以及加工费用约当产量的计算;定额比例法与定额成本法的区别。

(三)重要概念

广义在产品 约当产量法 定额成本法 定额比例法 按所耗原材料计算法 不计算在产品成本法 按年初数固定计算在产品成本法 在产品按所耗原材料费用计价法

(四)关键问题

1. 生产费用在完工产品与在产品之间的分配有几种方法?
2. 确定完工产品与月末在产品之间费用的分配费用方法时,应考虑哪些具体条件?
3. 约当产量法在什么情况下使用?使用时应注意什么?
4. (1)原材料每道工序随加工进度陆续投入;(2)原材料在每道工序开始时一次投入。在上述两种情况下应该如何分别计算各工序的完工率(投料率)?

四、本章训练

(一)单项选择题

1. 由于车间管理不善造成的在产品的盘亏和毁损,应从"待处理财产损溢"转入的科目是(   )。
   A. 管理费用   B. 制造费用
   C. 其他应收款   D. 营业外支出
2. 在产品不计算成本法体现了成本核算的(   )。
   A. 重要性原则   B. 实际成本原则
   C. 一致性原则   D. 可靠性原则

3. 不应列入企业在产品的是( )。

A. 正在车间加工中的在产品

B. 已完成一个或几个生产步骤,还需要加工的半成品

C. 对外销售的自制半成品

D. 待返修的废品

4. 狭义的在产品只包括( )。

A. 需进一步加工的半成品　　　　B. 正在车间加工的在产品

C. 对外销售的自制半成品　　　　D. 产成品

5. 在产品完工率为以下哪个选项与完工产品工时定额的比率( )。

A. 所在工序工时定额之半

B. 所在工序累计工时定额

C. 上道工序累计工时定额与所在工序工时定额之半的合计数

D. 所在工序工时定额

6. 某企业甲产品需要经过两道工序制成,第一道工序工时定额为 20 小时,第二道工序工时定额为 30 小时,则第二道工序的完工率为( )。

A. 40%　　　　　　　　　　　　B. 60%

C. 70%　　　　　　　　　　　　D. 80%

7. 某产品经三道工序加工而成,各工序的工时定额分别为 10 小时、20 小时、20 小时。各工序在产品在本工序的加工程度按工时定额的 50% 计算。第三工序的累计工时定额为( )。

A. 20 小时　　　　　　　　　　B. 30 小时

C. 40 小时　　　　　　　　　　D. 50 小时

8. 约当产量比例法不适用于( )的在产品成本计算。

A. 原材料费用在成本中所占比重较大

B. 月末在产品数量较大

C. 各月末在产品数量变化较大

D. 产品成本中原材料、工资及福利费的比重相差不多

9. 按完工产品和月末在产品数量比例分配计算完工产品和月末在产品的原材料费用,必须具备的条件是( )。

A. 原材料随生产进度陆续投入　　B. 原材料在生产开始时一次投入

C. 原材料消耗定额比较准确稳定　D. 产品成本中原材料费用比重较大

10. 原材料在每道工序开始时一次投料的情况下,分配原材料费用的在产品的投料程度,为下列项目与完工产品原材料消耗定额的比率( )。

A. 在产品所在工序原材料消耗定额

B. 在产品所在工序原材料消耗定额之半

C. 在产品所在工序原材料累计消耗定额

D. 在产品所在工序原材料累计消耗定额之半

11. 如果某种产品的月末在产品数量较多,各月在产品数量变化较大,各项费用的比重相差不多,生产费用在完工产品与月末在产品之间分配,应采用的方法是( )。

A. 不计算在产品成本的方法

B. 在产品成本按年初在产品成本计算的方法

C. 在产品按所耗直接材料费用计算的方法

D. 按约当产量法

12. 如果企业产品的消耗定额比较准确、稳定,各月末在产品数量变化较小,产品成本中原材料费用所占比重较大,为了简化成本计算,月末在产品可以( )。

A. 按定额成本计价 B. 按所耗原材料费用计价

C. 按定额原材料费用计价 D. 按定额加工费用计价

13. 完工产品与在产品之间的费用分配核算中,对于定额管理基础较好,各项消耗定额或费用定额比较准确稳定,且各月在产品数量变动不大的产品,适用的分配方法是( )。

A. 定额比例法 B. 在产品按固定成本计价法

C. 在产品按定额成本计价法 D. 在产品按完工产品计算法

14. 在产品不计算成本法,适用的情况是( )。

A. 各月月末完工产品数量变化很小 B. 各月月末在产品数量变化很大

C. 各月月末在产品数量很大 D. 各月月末在产品数量很小

15. 各月末在产品数量较小,或者在产品数量虽大,但各月之间变化不大的产品,适用的分配方法是( )。

A. 在产品按定额成本计价法 B. 在产品按完工产品计算法

C. 约当产量法 D. 在产品按固定成本计价法

16. 如果某种产品所耗原材料费用在产品成本中所占比重很大,在产品成本的确定可使用的方法是( )。

A. 约当产量法 B. 在产品按固定成本法

C. 在产品按所耗原材料费用计算法 D. 在产品按完工产品成本法

17. 按完工产品和月末在产品数量比例,分配计算完工产品和月末在产品成本,必须具备的条件是( )。

A. 在产品已接近完工 B. 原材料在生产开始时一次投料

C. 在产品原材料费用比重大 D. 各项消耗定额比较准确

18. 在产品按所耗原材料费用计价法,适用于( )。

A. 各月在产品数量变化较大的产品

B. 各月末在产品数量较大的产品

C. 原材料费用在成本中所占比重较大的产品

D. 同时具备以上三个条件的产品

19. 各月末在产品数量较多,但各月之间在产品数量起伏不定的企业,在产品计价采用的方法是( )。

A. 在产品不计算成本法　　　　　B. 在产品按年初固定成本计价法

C. 在产品按定额成本计价法　　　D. 定额比例法

20. 采用在产品成本按年初在产品成本计算的方法,则每月的完工产品成本为( )。

A. 每月发生的生产费用之和

B. 每月的生产费用在完工产品和在产品之间分配后,由完工产品负担的部分

C. 每月的生产费用加上月初在产品成本

D. 每月生产费用加上月初在产品成本减去月末在产品成本

(二)多项选择题

1. 选择完工产品与在产品之间费用分配方法时,应考虑的条件有( )。

A. 定额管理基础的好坏　　　　　B. 各月在产品数量变化的大小

C. 在产品数量的多少　　　　　　D. 原材料是否一次性投入

E. 各项费用比重的大小

2. 下列情况下,需要计算在产品完工率的有( )。

A. 原材料在生产开始时一次投入

B. 原材料分别在各工序开始时一次投入

C. 材料随着加工进度陆续投入,投入程度与加工进度一致

D. 原材料随着加工进度陆续投入,投入程度与加工进度不一致

E. 原材料在生产开始时投入较多,后期投入较少

3. 在某种产品月初、月末在产品数量不同的情况下,某月份计算产品成本时,能够使本月发生的费用等于本月完工产品成本的方法是( )。

A. 不计算在产品成本的方法

B. 在产品成本按年初在产品成本计算的方法

C. 约当产量法

D. 定额成本法

E. 在产品按定额成本法

4. 生产费用在完工产品与在产品之间的分配方法中,常用的分配方法有( )。

A. 在产品按完工产品计算法　　　B. 定额成本法

C. 定额比例法　　　　　　　　　D. 约当产量法

E. 不计算在产品成本法

5. 完工产品与在产品之间分配费用的方法有( )。
   A. 约当产量比例法　　　　　　　B. 交互分配法
   C. 固定成本计价法　　　　　　　D. 定额比例法
   E. 五五摊销法

6. 按完工产品和月末在产品数量比例分配计算完工产品和在产品成本,必须符合( )。
   A. 在产品已近完工
   B. 原材料在生产开始时一次投料
   C. 各项消耗定额比较准确
   D. 月末在产品已经加工完成,但尚未验收入库
   E. 加工费用均匀发生

7. 完工产品与月末在产品之间分配费用的约当产量法可以用来分配( )。
   A. 直接材料费用　　　　　　　　B. 直接人工费用
   C. 制造费用　　　　　　　　　　D. 管理费用
   E. 停工损失

8. 下列适用于约当产量比例法的有( )。
   A. 月末在产品数量较大
   B. 月末在产品接近完工
   C. 各月末在产品数量变化较大
   D. 产品成本中原材料费用和工资等其他费用比重相差不大
   E. 产品成本中原材料费用和工资等其他费用比重相差较大

9. 采用定额比例法分配完工产品和在产品费用,应具备的条件有( )。
   A. 消耗定额比较准确　　　　　　B. 消耗定额比较稳定
   C. 各月末在产品数量变化较大　　D. 各月末在产品数量变化不大
   E. 各月末产成品数量变化较大

10. 完工产品与在产品之间分配费用,采用在产品按固定成本计价法的情况有( )。
    A. 各月末在产品数量较大
    B. 各月末在产品数量较小
    C. 各月成本水平相差不大
    D. 各月末在产品数量虽大,但各月之间变化不大
    E. 各月末完工产品数量较小

(三)判断题
1. 各月末的在产品数量变化不大的产品,可以不计算月末在产品成本。　　　　( )
2. 对于各月末在产品数量较少的企业,月末在产品成本可以忽略不计。　　　　( )

3. 如果一项产品的原材料不是在生产开始时一次投入,也不是随着加工时陆续投入(原材料投入程度与加工进度或生产工时投入程序不一致),此时分配原材料费用的完工率按每一工序的原材料消耗定额计算。( )

4. 后边工序在产品多加工的程度可以弥补前边工序少加工的程序,所以全部在产品的完工程序可以按50%平均计算。( )

5. 生产费用在完工产品和月末在产品之间分配的方法很多,企业可根据所生产产品的特点及管理情况而定。一旦采用某种方法,不应随意变动,以便不同时期的产品具有可比性。
( )

6. 采用在产品按所耗直接材料费用计算法时,加工费用全部由完工产品承担。( )

7. 采用约当产量法在完工产品和在产品之间分配原材料费用,如果原材料是分工序在各工序开始时投入,在产品的数量按实际数量计算。( )

8. 采用在产品按定额成本计价法时,月末在产品的定额成本与实际成本的差异全部由完工产品成本承担。( )

9. 采用在产品按定额成本计价法时,由于技术进步,劳动熟练程度提高而降低了当月消耗定额以后,反而会使完工产品成本相对提高。( )

10. 在产品定额成本计算法下完工产品和在产品都以定额成本来反映。( )

(四)计算分析题

1. 某工厂生产甲产品,月末在产品100件,其各项定额为:每件在产品的直接材料费用定额为500元,根据原始记录汇总,月末在产品所耗定额工时共为3 200小时,每小时的直接人工费用定额为4元,燃料及动力费用定额为10元,制造费用定额为8元。月初在产品和本月生产费用合计为:直接材料费用857 000元,直接人工费用120 000元,燃料及动力费用80 000元,制造费用53 000元。

要求:采用按定额成本计算在产品成本法,计算月末在产品成本和完工产品总成本。

2. 某制造企业生产A产品,直接材料分工序陆续投入,其投入程度与加工进度不一致,有关资料如下:本月A产品完工140件,月末在产品200件,经测定,投料程度为40%,加工进度为55%。月初在产品成本和本月费用合计资料为:"直接材料"项目13 398元,"直接人工"项目8 810元,"制造费用"项目3 750元。

要求:根据以上资料,采用约当产量法计算完工产品总成本和月末在产品成本。

3. 某公司生产A产品,本月完工产品产量500件,月末在产品100件。完工程度按平均50%计算,材料在开始时一次投入,其他费用按约当产量比例分配。A产品本月耗用直接材料共计24 000元,直接人工费用11 000元,制造费用5 500元。

要求:根据以上资料,采用约当产量法计算完工产品总成本和月末在产品成本。

4. 某公司生产A产品需经过三道工序,每道工序所需材料均在开始时一次投入,投料比例分别为50%、30%和20%;三道工序的定额工时分别为20小时、20小时和10小时。月末三道工序的产品数量分别为 100 件、150 件和 120 件。

要求:根据以上资料,计算 A 产品的月末在产品约当产量。

5. 假定某制造企业甲产品的月末在产品只计算原材料费用。该产品月初在产品原材料费用为 4 200 元;本月发生原材料费用 31 800 元,工资及福利费等加工费用共计 3 000 元;完工产品 860 件,月末在产品 40 件。该产品的原材料费用在生产开始时一次性投入,原材料费用按完工产品和月末在产品的数量比例分配。

要求:采用在产品按所耗原材料费用计价法计算甲产品完工产品成本和月末在产品成本。

6. 2014 年 2 月某企业乙产品的原材料在生产开始时一次投料,产品成本中原材料费用所占比重很大,月末在产品按所耗费原材料费用计价。2 月份月初在产品费用 2 800 元;2 月份生产费用:原材料 12 200 元,燃料和动力费用 4 000 元,工资和福利费 2 800 元,制造费用 800 元。本月完工产品 400 件,月末在产品 200 件。

要求:

(1)分配计算乙产品完工产品成本和月末在产品成本。

(2)登记乙产品成本明细账。

表 7.1　乙产品成本明细账

产品名称:乙产品(产量:400 件)　　　　　2014 年 2 月　　　　　　　　　　　　单位:元

摘要	直接材料	燃料及动力	直接人工	制造费用	合计
月初在产品					
本月生产费用					
合计					
完工产品成本					
月末在产品					

7. 某企业生产乙产品,采用在产品按定额成本计价法分配完工产品和在产品费用。本月所耗原材料费用为 45 000 元,工资及福利费 21 000 元,制造费用 18 000 元。完工产品数量为 400 件,月末在产品 200 件。原材料在生产开始时一次性投入。相关的定额资料如下:原材料消耗定额 60 千克,计划单价 1 元/千克,月末在产品工时定额 20 小时,计划小时工资率 1.5 元/小时,计划小时费用率 1 元/小时。

要求:根据在产品按定额成本计价法,计算在产品定额成本和完工产品的定额成本。

8. 2014 年 3 月在产品费用为:直接材料 1 400 元,直接人工 6 000 元,制造费用 40 000 元。本月生产费用:直接材料 8 200 元,直接人工 30 000 元,制造费用 20 000 元,完工产品 4 000 件,直接材料定额费用 8 000 元;定额工时 5 000 小时。月末在产品 1 000 件,直接材料定额费用 2 000 元,定额工时 1 000 小时。完工产品与月末在产品之间,直接材料费用按直接材料定额费用比例分配,其他费用按定额工时比例分配。

要求：进行各项费用分配，并将计算结果填入在表7.2中。

表7.2　产品成本明细账

产品名称：甲产品　　　　　　　　　2014年3月　　　　　　　　　　　单位：元

成本项目	月初在产品费用	本月费用	生产费用合计	费用分配率	完工产品费用		月末在产品费用	
					定额	实际费用	定额	实际费用
直接材料								
直接人工								
制造费用								
合计								

第八章 Chapter 8

产品成本计算方法概述

一、学习目标

(一)知识目标

1. 了解制造企业的生产类型和管理要求
2. 掌握影响产品成本计算方法的因素
3. 熟悉成本计算的基本方法和辅助方法

(二)能力目标

1. 掌握产品成本计算的品种法、分步法、分批法的特点
2. 根据企业的生产类型和管理要求,综合运用企业产品成本计算的方法

二、内容简介

生产的类型和成本管理的要求是影响成本计算方法的决定因素。其中生产的类型按产品工艺过程的特点,可分为简单生产和复杂生产;按生产组织的特点,可分为大量生产、成批生产和单件生产。而成本管理的要求,则是对多步骤复杂生产的产品,管理上是否要求按产品的生产步骤,计算每一步骤半成品产品成本及完工产品成本。

产品成本计算的基本方法有品种法、分批法和分步法;辅助方法有定额法和分类法等。产品成本计算方法可以综合应用:同一企业不同车间同时采用不同的成本计算方法;同一车间不同产品同时采用不同的成本计算方法;同一产品不同步骤、不同的半成品、不同的成本项目采用不同的成本计算方法。

三、预习要览

（一）重点

生产类型按照产品工艺过程特点和生产组织特点的分类，生产类型特点和成本管理要求对成本计算方法的影响；产品成本计算基本方法和辅助方法的内容及其实际应用。

（二）难点

生产类型的特点和成本管理要求，对成本计算方法的影响；成本计算基本方法适用的企业及生产类型。

（三）重要概念

生产类型　工艺过程　生产组织　简单生产　复杂生产　单步骤生产　多步骤生产　单件小批生产　大量大批生产　成本计算对象　成本计算期

（四）关键问题

1. 生产类型按产品工艺特点如何分类？
2. 生产类型按生产组织特点如何分类？
3. 简述简单生产的特点及其典型企业。
4. 简述复杂生产的特点及其典型企业。
5. 在计算产品成本时，如何确定成本计算对象？
6. 在计算产品成本时，如何确定成本计算期？
7. 什么是品种法？有何特点？适合于什么样的企业使用？
8. 什么是分批法？有何特点？适合于什么样的企业使用？
9. 什么是分步法？有何特点？适合于什么样的企业使用？
10. 产品成本计算的方法中哪些是基本方法？哪些是辅助方法？
11. 产品成本计算方法在企业中如何综合应用？

四、本章训练

（一）单项选择题

1. 品种法是产品成本计算的(　　)。

   A. 主要方法　　　　　　　　B. 重要方法
   C. 最基本方法　　　　　　　D. 最一般方法

2. 在小批单件多步骤生产的情况下，如果管理上不要求分步计算产品成本，应采用的成本计算方法是(　　)。

   A. 分批法　　　　　　　　　B. 分步法

C. 分类法	D. 定额成本法

3. 品种法适用的生产组织类型是( )。
 A. 大量成批生产	B. 大量大批生产
 C. 大量小批生产	D. 单件小批生产

4. 生产特点和管理要求对产品成本计算的影响,最主要表现在( )的确定上。
 A. 成本计算对象	B. 成本计算日期
 C. 间接费用的分配方法	D. 完工产品与在产品之间分配费用的方法

5. 在大量大批简单生产类型的企业或车间,若产品品种单一,无在产品或在产品数量少,不需计算在产品成本,适宜采用的成本计算方法是( )。
 A. 品种法	B. 分批法
 C. 分步法	D. 分类法

6. 多步骤复杂生产的企业或车间,若管理上不要求分步计算成本,适宜采用的成本计算方法是( )。
 A. 品种法	B. 分批法
 C. 分步法	D. 分类法

7. 区别各种成本计算方法的主要标志是( )。
 A 成本计算对象	B 成本计算期
 C 生产费用的分配方法	D 月末有无生产费用的分配问题

8. 小型水泥厂属于大量大批多步骤生产的企业,但管理上不要求分步计算各步骤半成品成本。所以,一般采用( )。
 A. 品种法	B. 分步法
 C. 分批法	D. 分类法

9. 下列企业,应采用分步法计算产品成本的是( )。
 A. 发电厂	B. 纺织厂
 C. 造船厂	D. 重型机械厂

10. 单件小批生产采用分批法计算成本,其成本计算期与( )一致。
 A. 会计结算期	B. 交货日期
 C. 生产周期	D. 合同鉴定日期

(二)多项选择题

1. 在产品成本计算过程中存在的成本计算对象有( )。
 A. 产品品种	B. 产品类型
 C. 产品批别	D. 产品品种及生产步骤
 E. 产品定额

2. 下列属于成本计算的基本方法有( )。

A. 品种法   B. 分类法
C. 分批法   D. 分步法
E. 定额法

3. 采用定额法应具备的条件是(　　)。
A. 定额管理制度较健全   B. 产品的生产已定型
C. 消耗定额比较准确、稳定   D. 定额管理的基础工作比较好
E. 单件、小批生产

4. 判断一种方法是否属于辅助方法的标准有(　　)。
A. 是否与生产组织类型无关
B. 是否必须与基本方法结合运用
C. 在产品成本计算中不是必须使用的
D. 是否以简化成本计算为目的
E. 是否以方便成本计算为目的

5. 按生产组织的特点,工业企业生产可分为(　　)。
A. 简单生产   B. 复杂生产
C. 大量生产   D. 成批生产
E. 单件生产

6. 按产品生产工艺的特点,工业企业生产可分为(　　)。
A. 简单生产   B. 复杂生产
C. 大量生产   D. 成批生产
E. 单件生产

7. 品种法适用的范围是(　　)。
A. 大量大批生产
B. 单件小批生产
C. 单步骤生产或管理上不要求分步骤计算成本的多步骤生产
D. 管理上要求分步骤计算成本的多步骤生产
E. 管理上要求分步骤计算成本的单步骤生产

8. 生产类型的特点对成本计算方法的影响主要表现在(　　)。
A. 成本计算对象   B. 成本计算期
C. 成本项目   D. 成本归集的程序
E. 在产品成本的计算问题

9. 企业在确定成本计算方法时,必须从企业的具体实际情况出发,同时依据(　　)。
A. 成本生产类型特点   B. 企业规模
C. 成本管理要求   D. 产品价格

E. 企业劳动效率

10. 属于产品成本计算辅助方法的是( )。

A. 分类法　　　　　　　　　　B. 变动成本法

C. 全部成本法　　　　　　　　D. 定额法

E. 计划成本法

(三) 判断题

1. 企业的辅助生产车间如供电、供水车间,通常采用分批法计算成本。( )
2. 在单件小批的生产企业中,其成本计算期可定期于月末进行计算。( )
3. 在制造企业中,无论企业的生产组织和工艺特点如何,也无论管理上如何要求,最终产品的成本,必须是按照产品品种计算出的产品成本。( )
4. 如果企业的生产是多步骤的,无论管理上如何要求,必须采用分步法计算成本。
( )
5. 企业的生产无论是大批生产,还是单件生产,只要生产过程是单步骤的,一律采用品种法计算产品成本。( )
6. 采掘、发电等类似的企业,应采用品种法计算产品成本。( )
7. 分类法和定额法是产品计算辅助方法,必须与产品成本计算基本方法结合使用,不能单独使用。( )
8. 产品成本计算的分批法,是以产品品种及其生产步骤作为成本计算对象,计算和归集生产费用的。( )
9. 企业的生产按照产品工艺过程的特点划分,可分为单步骤生产和多步骤生产两类。
( )
10. 企业的生产按照生产组织的特点划分,可分为大量生产、成批生产和单件生产三类。
( )

第九章 Chapter 9

产品成本计算的品种法

一、学习目标

（一）知识目标
1. 了解品种法的含义和适用范围
2. 掌握简单品种法和典型品种法的计算过程及其账务处理

（二）能力目标
1. 掌握产品成本计算品种法的特点，学会基本生产成本明细账的登记与结转
2. 明确典型品种法的核算程序和计算过程

二、内容简介

产品成本计算的品种法，是以产品品种为成本计算对象归集和分配生产费用的一种产品成本计算方法，它是成本计算方法中最基本的方法。品种法分为简单品种法和典型品种法。品种法的内容包括概念、适用范围、特点等基本理论以及品种法在实际工作中的运用。

品种法主要适用于大量大批单步骤生产，例如发电、采掘生产等，在这种类型的生产中，产品的工艺过程不可能或者不需要划分为几个生产步骤，因而也就不能或者不需要按照着生产步骤计算产品成本。在大量大批多步骤生产中，如果企业或车间的规模较小，或者生产车间是封闭的，或者生产是按流水线组织的，在管理上、工作上不要求提供分步骤的成本资料，不要求按照生产步骤计算半成品成本时，也可以采用品种法计算产品成本。

三、预习要览

（一）重点
品种法的基本特点、适用范围、成本核算的程序和实际应用。

(二)难点

品种法的基本特点和实际应用。

(三)重要概念

成本核算程序　品种法　简单品种法　典型品种法

(四)关键问题

1. 简述品种法的基本特点、适用范围和分类。
2. 简述简单品种法和典型品种法的具体应用。
3. 试述典型品种法的成本计算程序。
4. 试述品种法下完工产品成本计算过程及如何进行账务处理。

四、本章训练

(一)单项选择题

1. 关于品种法的叙述不正确的是(　　)。
A. 适用于大量大批的多步骤生产的企业
B. 一般定期计算产品成本
C. 适用于大量大批的单步骤生产的企业
D. 如果生产一种产品,则不需要在成本计算对象之间分配间接费用

2. 品种法的特点是(　　)。
A. 分批、分品种计算产品成本
B. 分步、分品种计算产品成本
C. 不分批、不分步,也不分品种计算产品成本
D. 既不分批又不分步,只分品种计算产品成本

3. 品种法的成本计算对象是(　　)。
A. 产品品种　　　　　　　　B. 产品批次
C. 生产步骤　　　　　　　　D. 产品品种及生产步骤

4. 如果企业只生产一种产品,其所发生的费用(　　)。
A. 全部是直接计入费用　　　B. 全部是间接计入费用
C. 部分是直接计入费用　　　D. 部分是间接计入费用

5. 企业大量大批单步骤生产多种产品,其成本计算采用(　　)。
A. 简单品种法　　　　　　　B. 典型品种法
C. 分批法　　　　　　　　　D. 分步法

6. 下列企业中,成本计算采用品种法的是(　　)。

A. 造船厂 B. 发电厂
C. 专用设备生产厂 D. 炼钢厂

7. 品种法下,成本计算期是( )。
A. 产品生产周期 B. 存货周转期
C. 每月月末 D. 季度与年度末

8. 下列关于品种法适用范围表述错误的是( )。
A. 适用于大量大批产品生产的企业
B. 适用于大量大批多步骤,但管理上不要求分步骤计算产品成本的企业
C. 适用于大量大批多步骤产品生产的企业
D. 适用于大量大批单步骤产品生产的企业

(二)多项选择题

1. 品种法的适用范围包括( )。
A. 大量生产 B. 大批生产
C. 单步骤生产 D. 多步骤生产
E. 管理上不要求分步骤计算成本的多步骤生产

2. 下列关于成本计算品种法的表述中,正确的有( )。
A. 以产品品种作为成本计算对象,归集和分配生产费用,计算产品成本
B. 适用于多步骤生产,但管理上不要求分步计算成本的企业
C. 如果月末有在产品,要将生产成本在完工产品和在产品之间进行分配
D. 一般定期(每月月末)计算产品成本
E. 适用于大量大批的多步骤生产的企业

3. 下列各项中,最终应计入产品生产成本的有( )。
A. 生产工人工资 B. 生产产品耗用的材料费用
C. 生产设备的折旧费 D. 车间机器、设备的维修费
E. 业务招待费

4. 下列企业中,可以采用品种法的有( )。
A. 造纸厂、小型水泥厂 B. 新产品的试制
C. 发电、采掘企业 D. 辅助生产车间的工具模具制造
E. 供电、供水等单步骤辅助生产的企业

5. 品种法分为( )。
A. 简单品种法 B. 复杂品种法
C. 典型品种法 D. 分类法
E. 定额法

6. 品种法核算程序包括( )。

A. 按产品品种设立成本明细账　　B. 分配要素费用
C. 分配辅助生产费用　　D. 分配基本生产车间的制造费用
E. 分配并计算完工产品与在产品成本

7. 简单品种法的特点是(　　)。
A. 只生产一种产品
B. 可以在生产多种产品的情况下使用
C. 月末一般没有在产品,不存在生产费用在完工产品与在产品之间的分配
D. 所发生的费用都是直接计入费用
E. 所发生的直接费用直接计入,间接费用需分配后计入产品成本

8. 典型品种法的特点是(　　)。
A. 可以在生产多种产品的情况下使用
B. 月末一般存在在产品,需将生产费用在完工产品与在产品之间分配
C. 月末一般没有在产品,不存在生产费用在完工产品与在产品之间的分配
D. 所发生的费用都是直接计入费用
E. 所发生生产费用中直接费用直接计入成本,间接费用需分配后计入成本

(三)判断题

1. 大量生产的产品按照产品品种计算成本,大批生产的产品按照产品生产批别计算成本。(　　)

2. 如果企业只生产一种产品,全部生产成本都是直接成本,可直接计入该产品生产成本明细账的有关成本项目中,不存在各种成本核算对象之间分配成本的问题。(　　)

3. 品种法下计算产品成本一般是不定期的,可以是月末,也可以是年末。(　　)

4. 典型品种一般不需将生产费用在完工产品和产品之间进行分配。(　　)

5. 产品成本计算的品种法一般适用于多步骤、大量大批生产的企业或者生产按流水线组织,管理上不要求按照生产步骤计算产品成本的企业。(　　)

6. 无论什么组织方式的制造企业,无论什么生产类型的产品,也无论管理要求如何,最终都必须按照产品品种计算出产品成本。(　　)

7. 根据企业生产经营特点和管理要求,大量单步骤生产的产品一般采用品种法计算产品成本。(　　)

8. 简单品种法与典型品种法下,均需将间接费用归集后,再采用一定方法进行分配。(　　)

(四)计算分析题

1. 某工业企业仅生产甲产品,采用品种法计算产品成本。3月初在产品直接材料成本30万元,直接人工成本8万元,制造费用2万元。3月份发生直接材料成本75万元,直接人工成

本20万元,制造费用6万元。3月末甲产品完工50件,在产品100件。月末计算完工产品成本时,直接材料成本按完工产品与在产品数量比例分配,直接人工成本和制造费用采用定额工时比例分配。单位产成品工时定额20小时,单位在产品工时定额10小时。

要求:

(1)计算甲完工产品应负担的直接材料成本。

(2)计算甲完工产品应负担的直接人工成本。

(3)计算甲完工产品应负担的制造费用。

(4)计算甲完工产品总成本,并编制完工产品入库的会计分录。

(答案中的金额单位用万元表示)

2. 西宁公司设有一个基本生产车间,大量大批地生产甲、乙两种产品,采用品种法计算产品成本。设有供电和机修两个辅助生产车间,辅助生产费用的分配采用直接分配法。该企业2013年8月份有关成本计算资料如下:

(1)月初在产品成本。甲、乙两种产品的月初在产品成本见表9.1。

表9.1 甲、乙产品月初在产品成本资料表

2013年8月 单位:元

摘 要	直接材料	燃料及动力	直接人工	制造费用	合计
甲产品	164 000	855	32 470	3 675	201 000
乙产品	123 740	510	16 400	3 350	144 000

(2)本月生产数量。甲产品本月完工500件,月末在产品100件,实际生产工时100 000小时;乙产品本月完工200件,月末在产品40件,实际生产工时50 000小时。甲、乙两种产品的原材料都在生产开始时一次投入,加工费用发生比较均衡,月末在产品完工程度均为50%。

(3)本月发生生产费用如下。

①本月发出材料汇总表,见表9.2。

表9.2 发出材料汇总表

2013年8月 单位:元

领料部门和用途	材料类别		合计
	主要原料	辅助材料	
基本生产车间耗用			
甲产品耗用	800 000	10 000	810 000
乙产品耗用	600 000	4 000	604 000
甲、乙产品共同耗用	28 000		28 000
车间一般耗用	2 000	100	2 100

续表9.2

领料部门和用途	材料类别		合计
	主要原料	辅助材料	
辅助生产车间耗用			
供电车间耗用	1 000		1 000
机修车间耗用	1 200		1 200
厂部管理部门耗用	1 200	400	1 600
合计	1 433 400	14 500	1 447 900

注：生产甲、乙两种产品共同耗用的材料，按甲、乙两种产品直接耗用原材料的比例进行分配。

②本月职工薪酬汇总表（简化格式）见表9.3。

表9.3 职工薪酬汇总表

2013年8月　　　　　　　　　　　　　　　　　　　　单位：元

人员类别	应付职工薪酬
基本生产车间	
产品生产工人	478 800
车间管理人员	22 800
辅助生产车间	
供电车间	9 120
机修车间	7 980
厂部管理人员	45 600
合计	564 300

③本月以银行存款支付的费用为17 200元，其中基本生产车间负担的办公费1 460元，水费2 000元，差旅费1 400元，设计制图费2 600元；供电车间负担的水费500元，外部修理费1 800元；机修车间负担的办公费880元；厂部管理部门负担的办公费4 560元，水费2 000元。

④本月应计提固定资产折旧费19 760元，其中基本生产车间折旧8 460元，供电车间折旧1 800元，机修车间折旧4 500元，厂部管理部门折旧5 000元。

⑤根据"长期待摊费用"账户记录，本月应分摊财产保险费3 000元，其中供电车间负担800元，机修车间负担600元，基本生产车间负担1 100元，厂部管理部门负担500元。

⑥其他资料：辅助生产费用劳务量见表9.4，辅助生产费用采用直接分配法分配。制造费用在甲、乙产品之间按实际生产工时分配。

表9.4 辅助生产劳务供应单

2013年8月 单位:元

会计科目	受益部门	用电度数	修理费用/小时
辅助生产成本	供电车间		500
	机修车间	300	
基本生产成本	甲产品	5 000	3 000
	乙产品	2 000	2 000
	车间一般耗用	290	1 000
管理费用	管理部门	100	64
合计		7 690	6 564

要求:编制各项要素费用分配表,分配各项要素费用,并将计算结果填入下列表中。(计算结果保留两位小数点。)

(1)分配材料费用(表9.5),甲、乙产品共同负担材料按当月投入产量分配。

表9.5 材料费用分配表

2013年8月 单位:元

应借科目			直接计入	分配金额（分配率）	合计
总账科目	明细科目	成本项目			
基本生产成本	甲产品	直接材料			
	乙产品	直接材料			
	小计				
辅助生产成本	供电车间	直接材料			
	机修车间	直接材料			
	小计				
制造费用	基本生产车间	直接材料			
管理费用	修理费	直接材料			
合计					

(2)按甲、乙两种产品的实际生产工时比例分配职工薪酬费用(表9.6)。

表9.6 职工薪酬费用分配表

2013年8月   单位:元

应借科目		成本项目	生产工人薪酬		合计
总账科目	明细科目		生产工时	分配金额（分配率）	
基本生产成本	甲产品	直接人工			
	乙产品	直接人工			
	小计				
辅助生产成本	供电车间	直接人工			
	机修车间	直接人工			
	小计				
制造费用	基本生产车间	直接人工			
管理费用	修理费	直接人工			
	合计				

(3)分配固定资产折旧费用(表9.7)。

表9.7 固定资产折旧费用分配表

2013年8月   单位:元

车间、部门	会计科目	明细科目	分配金额
基本生产车间	制造费用		
供电车间	辅助生产成本		
机修车间	辅助生产成本		
厂部管理部门	管理费用		
合计			

(4)分配财产保险费用(表9.8)。

表9.8 财产保险费用分配表

2013年8月   单位:元

车间、部门	会计科目	明细科目	分配金额
基本生产车间	制造费用		
供电车间	辅助生产成本		
机修车间	辅助生产成本		
厂部管理部门	管理费用		
合计			

59

(5)分配其他费用(表9.9)。

表9.9 其他费用分配表

2013 年 8 月　　　　　　　　　　　　　　　　　　　　　　　　　　单位:元

车间、部门	会计科目	办公费	水电费	差旅费	其他费用	合计
基本生产车间						
供电车间						
机修车间						
厂部管理部门						
合计						

(6)根据各项要素费用分配表登记有关辅助生产成本明细账、制造费用明细账、产品成本计算单(内容见表9.10至表9.17)。

表9.10 辅助生产成本明细账

车间名称:供电车间　　　　　　2013 年 8 月　　　　　　　　　　　单位:元

月	日	摘要	材料费	职工薪酬	折旧费	保险费	维修费	其他	合计	转出

表9.11 辅助生产成本明细账

车间名称:机修车间　　　　　　2013 年 8 月　　　　　　　　　　　单位:元

月	日	摘要	材料费	职工薪酬	折旧费	保险费	维修费	其他	合计	转出

表9.12 辅助生产费用分配表(直接分配法)

受益车间		供电车间		修理车间		金额合计
		数量/度	金额	数量/小时	金额	
待分配费用						
劳务供应量						
分配率						
基本生产车间	甲产品					
	乙产品					
	车间耗用					
	小计					
管理费用						
合计						

表9.13 制造费用明细账

车间名称:基本生产车间　　　　2013年8月　　　　　　　　单位:元

年		摘要	借方								贷方金额	余额
月	日		机物料	薪酬	折旧费	保险费	电费	修理费	其他	合计		

表9.14 制造费用分配表

车间:基本生产车间　　　　2013年8月　　　　　　　　单位:元

应借科目		生产工时	分配率	分配金额
总账科目	明细科目			
基本生产成本	甲产品			
	乙产品			
合计				

表9.15 产品成本计算单

产品名称:甲产品　　　　　　　　　　2013 年 8 月　　　　　　　　　　　　单位:元

月	日	摘要	产量/件	直接材料	直接人工	制造费用	合计

表9.16 产品成本计算单

产品名称:乙产品　　　　　　　　　　2013 年 8 月　　　　　　　　　　　　单位:元

月	日	摘要	产量/件	直接材料	直接人工	制造费用	合计

表9.17 完工产品成本汇总计算表

2013 年 8 月　　　　　　　　　　　　　　　　　　　　　　　　单位:元

成本项目	甲产品		乙产品	
	总成本	单位成本	总成本	单位成本
直接材料				
燃料及动力				
直接人工				
制造费用				
合计				

(五)不定项选择题

某企业为单步骤简单生产企业,设有一个基本生产车间,连续大量生产甲、乙两种产品,采用品种法计算产品成本。另设有一个供电车间,为全厂提供供电服务,供电车间的费用全部通过"辅助生产成本"归集核算。2013年12月份有关成本费用资料如下:

①12月份发出材料情况如下:基本成产车间领用材料2 400千克,每千克实际成本40元,共同用于生产甲、乙产品各200件,甲产品材料消耗定额为6千克,乙产品材料消耗定额为4千克,材料成本按照定额消耗量比例进行分配;车间管理部门领用50千克,供电车间领用100千克。

②12月份应付职工薪酬情况如下:基本生产车间生产工人薪酬150 000元,车间管理人员薪酬30 000元,供电车间工人薪酬40 000元,企业行政管理人员薪酬28 000元,生产工人薪酬按生产工时比例在甲、乙产品间进行分配,本月甲产品生产工时4 000小时,乙产品生产工时16 000小时。

③12月份计提固定资产折旧费如下:基本生产车间生产设备折旧费32 000元,供电车间设备折旧费11 000元,企业行政管理部门管理设备折旧费4 000元。

④12月份以银行存款支付其他费用支出如下:基本生产车间办公费24 000元,供电车间办公费12 000元。

⑤12月份供电车间对外提供劳务情况如下:基本生产车间45 000度,企业行政管理部门5 000度,供电车间的辅助生产费用月末采用直接分配法对外分配。

⑥甲产品月初、月末无在产品。月初乙在产品直接材料成本为27 600元,本月完工产品180件,月末在产品40件。乙产品直接材料成本采用约当产量法在月末完工产品和在产品之间分配,原材料在生产开始时一次投入。

要求:根据上述资料,不考虑其他因素,分析回答下列题目。

1. 根据资料①,12月份甲、乙产品应分配的材料费用正确的是(   )。
   A. 甲产品1 440元　　　　　　　B. 甲产品57 600元
   C. 乙产品960元　　　　　　　　D. 乙产品38 400元

2. 根据资料②,12月份甲、乙产品应分配的职工薪酬正确的是(   )。
   A. 甲产品36 000元　　　　　　B. 甲产品30 000元
   C. 乙产品144 000元　　　　　　D. 乙产品120 000元

3. 资料②,12月份分配职工薪酬,下列各项表述正确的是(   )。
   A. 生产成本增加150 000元　　　B. 应付职工薪酬增加248 000元
   C. 制造费用增加30 000元　　　　D. 辅助生产成本增加40 000元

4. 根据资料①至⑤,下列各项中,关于12月末分配转出供电车间生产费用的会计处理正确的是(   )
   A. 借:制造费用　　　　　　　　60 300

　　　　管理费用　　　　　　　　　　　6 700
　　　　贷:辅助生产成本　　　　　　　67 000
B. 借:制造费用　　　　　　　　　　　56 700
　　　　管理费用　　　　　　　　　　　6 300
　　　　贷:辅助生产成本　　　　　　　63 000
C. 借:辅助生产成本　　　　　　　　　49 500
　　　　管理费用　　　　　　　　　　　5 500
　　　　贷:辅助生产成本　　　　　　　55 000
D. 借:制造费用　　　　　　　　　　　50 400
　　　　销售费用　　　　　　　　　　　5 600
　　　　贷:辅助生产成本　　　　　　　56 000

5. 根据资料①至⑤,12月份基本生产车间归集的制造费用是(　　)。
A. 88 000元　　　　　　　　　B. 138 400元
C. 144 700元　　　　　　　　　D. 148 300元

6. 根据资料①至⑥,本月乙产品完工产品的直接材料成本是(　　)。
A. 31 418.18元　　　　　　　　B. 38 400元
C. 54 000元　　　　　　　　　D. 59 400元

Chapter 10

产品成本计算的分批法

一、学习目标

（一）知识目标
1. 了解分批法的含义、特点以及分批法下成本计算的程序
2. 理解一般分批法和简化分批法的区别
3. 了解一般分批法、简化分批法以及分批零件法的适用范围及其计算方法

（二）能力目标
1. 掌握产品成本计算分批法的核算程序，分批法下基本生产成本明细账的登记方法
2. 运用分批法计算完工产品的总成本和单位成本，并进行相应的账务处理

二、内容简介

产品成本计算的分批法，是指以产品的批次作为成本计算的对象，用以归集生产费用，计算产品成本的一种方法，也称订单法。这种方法适用于单件、小批、单步骤生产或管理上不要求分步计算产品成本的多步骤生产企业。分批法分为一般分批法和简化分批法两种。

分批法的成本核算程序可以分为以下六个步骤：(1)按产品批别分别设置基本生产成本明细账（产品成本计算单）；(2)按产品批次归集和分配本月发生的生产费用；(3)分配辅助生产费用；(4)分配基本生产单位的制造费用；(5)计算并结转完工产品成本；(6)汇总计算完工产品成本总成本。

简化分批法的特点在于：必须设置基本生产成本二级账；可以简化间接计入费用的分配的工作；各批次产品基本生产成本明细账中除了完工产品成本外，均不反映间接计入费用的项目成本，月末在产品只反映直接材料费用和生产工时数量。

简化分批法也称为累计间接费用分配法,又称不分批计算在产品成本法。

三、预习要览

(一)重点

分批法的特点、应用范围、成本核算的程序和实际应用;简化分批法的特点、核算程序和实际应用。

(二)难点

分批法及简化分批法的实际运用。

(三)重要概念

分批法　简化分批法　基本生产成本二级账　直接计入费用　间接计入费用　累计间接计入费用分配率

(四)关键问题

1. 什么是产品成本计算的分批法?其主要特点是什么?
2. 简述分批法计算产品成本的程序。
3. 产品成本计算分批法的基本内容有哪些?
4. 简化分批法的特点是什么?
5. 分批法的优缺点及应用条件有哪些?

四、本章训练

(一)单项选择题

1. 下列关于分批法的表述中,不正确的是(　　)。
   A. 成本核算对象是产品的批别
   B. 产品成本计算期与产品生产周期基本一致
   C. 不存在在完工产品和在产品之间分配成本的问题
   D. 适用于单件、小批生产企业

2. 采用简化的分批法,在产品完工之前,产品成本明细账(　　)。
   A. 不登记任何费用
   B. 只登记直接材料费用和生产工时
   C. 只登记原材料费用
   D. 登记间接计入费用,不登记直接计入费用

3. 针对每月发生的各项间接计入费用,不是按月在各批产品之间进行分配,而是在产品完工时,在各批完工产品之间进行分配的方法是(　　)。

A. 平行结转分步法　　　　　　　　B. 逐步结转分步法
C. 简化分批法　　　　　　　　　　D. 品种法

4. 采用累计分配法分配间接计入费用是一种简化分批法,月末未完工产品的间接计入费用(　　)。
A. 全部分配　　　　　　　　　　　B. 部分分配
C. 全部保留　　　　　　　　　　　D. 部分保留

5. 产品成本计算的分批法,适用的生产组织是(　　)。
A. 大量大批生产　　　　　　　　　B. 大量小批生产
C. 单件成批生产　　　　　　　　　D. 小批单件生产

6. 对于成本计算的分批法,下列说法正确的是(　　)。
A. 不存在完工产品与在产品之间费用分配问题
B. 成本计算期与会计报告期一致
C. 适用于小批、单件、管理上不要求分步骤计算成本的多步骤生产
D. 以上说法全部正确

7. 采用分批法计算产品成本时,如为单件生产,月末计算产品成本时(　　)。
A. 需要将生产费用在完工产品与在产品之间进行分配
B. 不需要将生产费用在完工产品与在产品之间进行分配
C. 区别不同情况确定是否分配生产费用
D. 应采用同小批量一样的核算方法

8. 下列情况下,不宜采用简化分批法的是(　　)。
A. 各月间接计入费用水平相差不大
B. 月末未完工产品批数较多
C. 同一月份投产的批数很多
D. 各月间接计入费用水平相差悬殊

9. 下列关于制造费用当月分配法和累计分配法的说法错误的是(　　)。
A. 当月分配法不论各批次或订单产品是否完工,都要按当月分配率分配其应负担的费用
B. 累计分配法只对当月完工的批次或订单按累计分配率进行分配,间接费用期末有余额
C. 当月分配法适用于本期投产产品批次多、完工批次多的企业
D. 累计分配法适用于本期投产产品批次少、完工批次多的企业

10. 采用简化的分批法进行成本核算的企业,为了核算累计间接计入费用,一般要求特别设置(　　)。
A. 制造费用二级账　　　　　　　　B. 基本生产成本明细账
C. 基本生产成本二级账　　　　　　D. 基本生产成本总账

11. 简化分批法也称为(　　)。

A. 分批计算在产品成本的分批法
B. 不分批计算在产品成本的分批法
C. 不计算在产品成本的分批法
D. 不分批计算完工产品成本的分批法

(二)多项选择题

1. 关于成本计算分批法的表述中,正确的有( )。
A. 以产品的批别作为成本核算对象
B. 产品成本计算期与产品生产周期基本一致
C. 适用于单步骤、大量生产的企业
D. 一般不存在在产品与完工产品之间的费用分配问题
E. 适用于单步骤、小批量生产的企业

2. 采用简化分批法,要求( )。
A. 必须设立基本生产二级账
B. 不分批计算在产品成本
C. 在基本生产成本二级账中只登记间接计入费用
D. 分批计算在产品成本
E. 月末只要有完工产品,就必须计算累计间接费用分配率

3. 分批法适用于( )。
A. 单件小批类型的生产
B. 一般企业中新产品试制或试验的生产
C. 在建工程、设备修理作业
D. 大量大批单步骤生产的企业
E. 大量大批多步骤,但管理上不要求分步计算产品成本生产的企业

4. 采用简化的分批法进行成本计算,适用的情况是( )。
A. 投产批数较多,月末未完工批数较多
B. 投产批数较少,月末未完工批数较少
C. 各月间接计入费用水平相差不多的情况
D. 各月间接计入费用水平相差悬殊的情况
E. 投产批数较少,月末完工批数较多

5. 在简化分批法下,间接计入费用应包括( )。
A. 直接材料   B. 燃料及动力
C. 直接人工   D. 制造费用
E. 生产费用

6. 在下列企业中,可采用分批法计算产品成本的企业有( )。

A. 重型机械厂　　　　　　　　B. 船舶制造厂
C. 发电厂　　　　　　　　　　D. 精密仪器厂
E. 纺织厂

7. 在分批法下,间接费用的分配方法有(　　)。
A. 计划成本分配法　　　　　　B. 累计分配法
C. 定额比例法　　　　　　　　D. 当月分配法
E. 直接分配法

8. 简化分批法与一般分批法的区别,在于简化分批法(　　)。
A. 必须设置基本生产成本二级账
B. 在产品完工之前,产品成本明细账只登记直接计入费用和生产工时
C. 在基本生产成本二级账中登记产品全部直接计入费用和累计生产工时
D. 在基本生产成本二级账中登记产品全部生产费用和累计生产工时
E. 当产品完工时,才按各项累计间接计入分配率,计算应分配的各项间接费用

9. 在分批法下,月末存在(　　),需要将生产费用在完工产品与在产品之间进行分配。
A. 产品批量较大陆续完工
B. 购货单位要求分次交货
C. 批内产品跨月陆续完工
D. 投产批数较多,月末未完工批数较多
E. 投产批数较多,月末未完工批数较少

10. 基本生产成本二级账登记的内容有(　　)。
A. 各批次全部产品的累计生产费用
B. 各批次全部产品的累计生产工时
C. 各批次完工产品的单位成本
D. 各项间接计入费用分配率
E. 各批次完工产品的总成本和月末在产品总成本

(三)判断题

1. 分批法下,如果是小批生产,批内产品一般都能同时完工,在月末计算成本时,或是全部已经完工,或是全部没有完工,因而一般不存在完工产品与在产品之间分配费用的问题。
(　　)

2. 分批法也可以用于一般企业中的新产品试制或试验的生产、在建工程以及设备修理作业。
(　　)

3. 大量生产的产品按照产品品种计算成本,大批生产的产品按照产品生产批别计算成本。
(　　)

4. 简化分批法在各月间接费用水平相差悬殊的情况下不宜采用,在月末未完工产品的批

数不多的情况下也不宜采用。 ( )

5. 各项间接计入费用累计分配率,既是在各批完工产品之间分配各该费用的依据,也是在完工批别与月末在产品批别之间以及某批产品的完工产品与月末在产品之间分配各该费用的依据。 ( )

6. 在简化分批法下,只需设置基本生产成本二级账,登记各批次全部产品的累计生产费用和累计生产工时,不需再设置产品成本明细账。 ( )

7. 采用"当月分配法"分配间接费用时,各月份月末"制造费用明细账"一般留有余额。 ( )

8. 如果各月份间接计入费用水平相差悬殊时,采用简化分批法会影响各月产品成本计算的准确性。 ( )

9. 分批法一般是根据用户的订单组织生产的,在一份订单中即便存在多种产品,也应合为一批次组织生产。 ( )

10. 简化分批法下的间接计入费用,就是为组织和管理生产所发生的间接费用,即"制造费用"账户核算的内容。 ( )

(四)计算分析题

1. 中兴公司生产甲、乙两种产品,生产组织属于小批生产,采用分批法计算成本。2014年5月份产品批号有——9414批号的甲产品10台,本月投产,本月完工6台;9415批号的乙产品10台,本月投产,本月完工2台。5月份各批号生产费用资料见表10.1。

表10.1 生产费用分配表

2014年5月

单位:元

批号	直接材料	直接人工	制造费用	合计
9414	3 360	2 350	2 800	8 510
9415	4 600	3 050	1 980	9 630

9414批号甲产品完工数量较大,原材料在生产开始时一次投入,其他费用在完工产品与在产品之间采用约当产量比例法分配,在产品完工程度为50%。

9415批号乙产品完工数量较少,完工产品按计划成本结转。每台产品单位计划成本:原材料费用460元,工资及福利费用350元,制造费用240元。

要求:

(1)根据上述资料,采用分批法登记产品成本明细账。

(2)计算各批产品的完工成本和月末在产品成本并进行账务处理。

2. 大宏公司生产组织属于小批生产,产品批数多,而且月末有许多批号未完工,为了简化成本核算工作,因而采用简化分批法计算产品成本。该企业2013年8月有关资料如下:

(1)8月份生产批号有:
001号:甲产品10件,7月投产,本月全部完工。
002号:乙产品7件,7月投产,尚未完工。
003号:丙产品12件,7月末投产,本月完工2件。
004号:丁产品5件,8月初投产,尚未完工。

其中,丙产品的原材料是在生产开始时一次投入的,直接材料的分配按产品数量比例进行分配;产品的单件工时为2 900小时,完工产品的加工成本则按定额成本计算。

(2)该企业设立的基本生产成本二级账和各批次产品的成本明细账见表10.2至表10.5。

要求:
(1)根据上述资料,登记基本生产成本二级账和各批产品成本明细账。
(2)计算和登记累计间接计入费用分配率。
(3)计算各批完工产品成本。

表10.2 基本生产成本二级账
2013年8月 单位:元

摘要	直接材料	生产工时	直接人工	制造费用	合计
月初在产品成本	30 000	65 000	25 000	40 000	95 000
本月发生生产费用	25 000	69 000	42 000	40 400	107 400
生产费用累计					
累计间接计入费用分配率					
完工产品成本转出					
月末在产品成本					

表10.3 产品成本明细账

产品批号:001　产品名称:甲产品
批量:10件　8月末全部完工　　2013年8月　　单位:元

摘要	直接材料	生产工时	直接人工	制造费用	合计
月初在产品成本	10 000	35 000			
本月发生生产费用	5 000	30 000			
生产费用累计					
累计间接计入费用分配率					
完工产品总成本					
月末在产品成本					

表 10.4 产品成本明细账

产品批号:002　产品名称:乙产品
批量:7 件　8 月末全部未完工　　　2013 年 8 月　　　　　　　　　　　　单位:元

摘要	直接材料	生产工时	直接人工	制造费用	合计
月初在产品成本	3 000	10 000			
本月发生生产费用	1 000	3 000			
生产费用累计					

表 10.5 产品成本明细账

产品批号:003　产品名称:丙产品
批量:12 件　8 月末全部完工 2 件　　2013 年 8 月　　　　　　　　　　单位:元

摘要	直接材料	生产工时	直接人工	制造费用	合计
月初在产品成本	17 000	20 000			
本月发生生产费用		15 000			
累计间接计入费用分配率					
完工产品总成本					
完工产品单位成本					
月末在产品成本					

表 10.6 产品成本明细账

产品批号:004　产品名称:丁产品
批量:12 件　8 月末全部未完工　　　2013 年 8 月　　　　　　　　　　单位:元

摘要	直接材料	生产工时	直接人工	制造费用	合计
本月发生生产费用	19 000	21 000			
生产费用累计					

第十一章
Chapter 11

产品成本计算的分步法

一、学习目标

（一）知识目标

1. 了解分步法的含义和适用范围
2. 熟悉分步法的特点及种类
3. 掌握逐步结转分步法和平行结转分步法的计算方法

（二）能力目标

1. 掌握产品成本计算分步法的核算程序及其基本生产成本明细账的登记方法
2. 运用分步法计算完工产品的总成本和单位成本，并进行相应的账务处理

二、内容简介

产品成本计算的分步法是指以产品的生产步骤和产品品种作为成本计算对象，归集生产费用，计算各步骤半成品和最终步骤产成品成本的方法。

分步法主要适用于大量大批复杂生产类型的企业，如纺织、冶金、造纸、化工、水泥等大量、大批、多步骤生产类型的企业，如纺织厂可分为纺纱、织布等生产步骤。其特点是以各个加工步骤的各种产品作为成本计算对象，其产品成本计算期是定期的，一般在月末进行，与会计报告期是一致的，但与生产周期不一致，月末要将生产费用采用适当方法在完工产品与在产品之间进行分配。

分步法分为逐步结转分步法（综合结转分步法、分项结转分步法）和平行结转分步法。具体计算程序是：(1)设置产品成本计算；(2)归集生产费用；(3)计算在产品成本；(4)计算半成品成本；(5)计算产成品成本。

三、预习要览

(一)重点

逐步结转分步法的特点和成本核算程序；综合结转分步法的特点及其计算方法；分项结转分步法的特点及其计算方法；平行结转分步法的特点及其计算方法。

(二)难点

成本还原的原因；成本还原的方法

(三)重要概念

分步法　逐步结转分步法　综合结转分步法　成本还原
分项结转分步法　平行结转分步法

(四)关键问题

1. 分步法适用于哪些类型的企业？分步法的特点是什么？
2. 逐步结转分步法的特点是什么？适用于哪些类型的企业？
3. 试述逐步结转分步法的计算程序。
4. 综合结转分步法的特点是什么？适用于哪些类型的企业？
5. 试述综合结转分步法的计算程序。
6. 为什么要进行成本还原？还原的方法有哪些？具体如何还原？
7. 分项结转分步法的特点是什么？适用于哪些类型的企业？
8. 试述分项结转分步法的计算程序。
9. 平行结转分步法的特点是什么？适用于哪些类型的企业？
10. 试述平行结转分步法的计算程序。

四、本章训练

(一)单项选择题

1. 管理上不要求计算各步骤完工半成品所耗半成品费用和本步骤加工费用,而要求按原始成本项目计算产品成本的企业,采用分步法计算成本时,应采用( )。
   A. 综合结转分步法　　　　　　　B. 分项结转分步法
   C. 按计划成本结转分步法　　　D. 平行结转分步法
2. 综合结转分步法的成本还原对象是( )。
   A. 各步骤所产半成品的综合成本
   B. 各步骤所耗上一步骤半成品的综合成本
   C. 各步骤所产半成品(最后一步为产成品)的综合成本

D. 最后一步骤产成品的综合成本
3. 成本还原分配率是用本月产成品所耗上步骤半成品费用除以( )。
A. 本月所产该种半成品成本合计
B. 本月所产该种半成品各成本项目
C. 上月所产该种半成品成本合计
D. 上月所产该种半成品各成本项目
4. 各生产步骤耗用的自制半成品需要按原始成本项目在"基本生产成本"账户反映的,应采用( )。
A. 平行结转分步法
B. 综合结转分步法
C. 成本还原法
D. 分项结转分步法
5. 需要进行成本还原的是( )。
A. 逐步结转分步法
B. 平行结转分步法
C. 综合结转分步法
D. 分项结转分步法
6. 逐步结转分步法各生产步骤的生产费用需要在( )之间进行分配。
A. 产成品与广义的在产品
B. 本步骤自制半成品或产成品与在产品
C. 产成品与月末在产品
D. 本步骤自制半成品与在产品
7. 采用综合结转分步法计算产品成本时,若有三个生产步骤,则需进行的成本还原的次数是( )。
A. 一次
B. 二次
C. 三次
D. 四次
8. 平行结转分步法各步骤的费用( )。
A. 包括本步骤的费用和上步骤转入的费用两部分
B. 只包括本步骤的费用,不包括上一步骤转入的费用
C. 第一步骤包括本步骤的费用,其余各步骤均包括上一步骤转入的费用
D. 最后步骤包括本步骤的费用,其余各步骤均包括上一步骤转入的费用
9. 下列可采用分步法计算产品成本的典型企业是( )。
A. 发电厂
B. 造船厂
C. 重型机器厂
D. 纺织厂
10. 平行结转分步法下,每一生产完工产品的成本,是( )。
A. 该步骤完工半成品的成本
B. 该步骤生产费用用于产成品成本的份额
C. 该步骤完工产成品的成本
D. 该步骤生产费用中用于在产品成本的份额

(二)多项选择题
1. 逐步结转分步法除了第一生产步骤外,其他生产步骤生产的自制半成品或产成品成本中,只能反映( )。

A. 本步骤所耗费的原材料费用

B. 本步骤所耗费的加工费用

C. 前一生产步骤转入的原材料和加工费用

D. 前一步骤转入的自制半成品成本

E. 前一生产步骤转入的原材料

2. 分步法的特点是(　　)。

A. 按产品的批别计算产品成本　　　B. 按产品的生产步骤计算产品成本

C. 按产品的种类计算产品成本　　　D. 不按产品的生产步骤计算产品成本

E. 按产品的批别和步骤计算产品成本

3. 逐步结转分步法的缺点是(　　)。

A. 影响各生产步骤成本的管理、分析和考核

B. 各个生产步骤不能同步计算产品成本

C. 不利于各生产步骤的实物管理与资金管理

D. 核算工作量大

E. 不需进行成本还原

4. 平行结转分步法的优点是(　　)。

A. 简化了成本的核算工作

B. 能反映各生产步骤自制半成品或产成品成本

C. 各个生产步骤能同步计算产品成本

D. 能反映各生产步骤月末在产品成本

E. 需进行成本还原

5. 平行结转分步法下,只计算(　　)。

A. 各步骤半成品的成本

B. 各步骤发生的费用及上一步骤转入的费用

C. 上一步骤转入的费用

D. 本步骤发生的费用应计入产成品成本中的份额

E. 本步骤发生的各项其他费用

6. 企业采用逐步结转分步法的原因主要有(　　)。

A. 计算产成品成本的需要　　　B. 对外销售的需要

C. 成本控制的需要　　　　　　D. 成本分析的需要

E. 成本考核的需要

7. 分项结转分步法的优点是(　　)。

A. 能直接反映产成品各成本项目的原始结构

B. 有利于企业对各个生产步骤成本的管理、控制、分析和考核

C. 便于从整个企业角度考核和分析产品计划的执行情况
D. 使计算工作较为简便
E. 有利于各个生产步骤的实物管理与资金管理

8. 计算成本还原率时所用的指标是(　　)。
A. 本月产成品所耗上一步骤半成品成本合计
B. 本月产成品所耗本步骤半成品成本合计
C. 本月所产该种半成品成本合计
D. 上月所产该种半成品成本合计
E. 本月所耗上月半成品成本合计

9. 下列企业，一般采用分步法进行成本计算的是(　　)。
A. 冶金企业　　　　　　　　B. 纺织企业
C. 造纸企业　　　　　　　　D. 化工业企业
E. 电子企业

10. 下列属于综合结转分步法特点的是(　　)。
A. 各步骤的费用合计既包括本步骤发生的，也包括上一步骤转入的
B. 各步骤的费用合计只包括本步骤发生的，不包括上一步骤转入的
C. 计算成本时使用的是狭义在产品
D. 计算成本时使用的是广义在产品
E. 不能直接提供按原始成本项目反映的产品成本构成

(三) 判断题

1. 分步法实际上都是将生产车间视为生产步骤，作为成本计算对象的。　　(　　)
2. 采用逐步结转分步法不能提供各个生产步骤的半成品成本资料。　　(　　)
3. 分步法的成本计算期与会计报告期相一致，而与生产周期不一致。　　(　　)
4. 逐步结转分步法按照半成品转入下一生产步骤基本生产成本明细账的反映方式不同，可分为综合结转法和分项结转法。　　(　　)
5. 成本还原是采用逐步结转(综合结转)分步法计算成本时，将产品成本中的综合成本逐步分解为原来成本项目的过程。　　(　　)
6. 平行结转分步法适用于具有多步骤工艺过程的大量、大批生产组织特点的，在管理上不要求计算半成品成本的企业。　　(　　)
7. 采用平行结转分步法计算产品成本时，需要进行成本还原。　　(　　)
8. 采用逐步结转分步法计算产品成本时，各生产步骤需要计算半成品成本。　　(　　)
9. 分项结转分步法适用于管理上不要求分别反映各生产步骤完工产品所耗费的半成品成本，而要求按照原始成本项目计算产品成本的企业。　　(　　)
10. 采用逐步结转分步法计算产品成本时，半成品的成本不随其实物的转移而结转，而平

行结转分步法的情形正好与其相反。   (   )

(四)计算分析题

1. 某企业生产甲产品经过三个生产步骤,成本计算采用按实际成本,在产品按约当产量计算法,原材料在开始时一次投入,各车间在产品完工程度均为50%,2014年1月份有关成本计算资料(表11.1、表11.2)如下:

表11.1 产量记录

2014年1月   计量单位:件

项目	第一车间	第二车间	第三车间
月初在产品	16	24	40
本月投产(或上车间转入)	152	144	152
本月完工	144	152	160
月末生产	24	16	32

表11.2 生产费用资料

2014年1月   单位:元

成本项目	月初在产品成本			本月发生费用		
	一车间	二车间	三车间	一车间	二车间	三车间
直接材料	12 800	24 000	52 000	121 600		
燃料及动力	160	360	200	2 960	4 120	2 440
直接人工	640	1 440	800	11 840	17 760	4 480
制造费用	800	1 800	1 000	14 800	22 520	9 560
合计	14 400	27 600	54 000	151 200	44 400	16 480

要求:根据上面资料采用分项结转分步法计算完工产品成本,并将计算结果填入表11.3至表11.5。

表11.3 一车间产品成本计算单

2014年1月   单位:元

项目	直接材料	燃料及动力	直接人工	制造费用	合计
月初在产品成本					
本月发生费用					
合计					
约当产量					
分配率					

续表11.3

2014年1月   单位:元

项目	直接材料	燃料及动力	直接人工	制造费用	合计
完工半成品成本					
月末在产品成本					

表11.4　二车间产品成本计算单

2014年1月   单位:元

项目	直接材料	燃料及动力	直接人工	制造费用	合计
月初在产品成本					
本月发生费用					
上车间转入					
生产费用合计					
约当产量					
分配率					
完工半成品成本					
月末在产品成本					

表11.5　三车间产品成本计算单

2014年1月   单位:元

项目	直接材料	燃料及动力	直接人工	制造费用	合计
月初在产品成本					
本月发生费用					
上车间转入					
生产费用合计					
约当产量					
分配率					
完工产品成本					
月末在产品成本					

2.某企业生产甲产品,生产过程顺序经过第一、二、三生产车间,成本计算采用按实际成本逐步综合结转分步法,在产品按约当产量计算法,原材料在开始时一次投入,各车间在产品完工程度均为50%,2014年1月份有关成本计算资料(表11.6)如下:

表 11.6 产量记录

2014 年 1 月　　　　　　　　　　　　　　　　　　　　　计量单位:件

项目	第一车间	第二车间	第三车间
月初在产品	70	80	90
本月投产(或上车间转入)	450	360	240
本月完工	360	240	230
月末在产品	160	200	100

表 11.7 生产费用资料

2014 年 1 月　　　　　　　　　　　　　　　　　　　　　单位:元

成本项目	月初在产品成本			本月发生费用		
	一车间	二车间	三车间	一车间	二车间	三车间
直接材料	15 200	9 060	6 400	20 000	—	—
直接人工	10 000	5 600	6 000	12 440	6 300	5 480
制造费用	2 100	4 000	7 100	6 280	6 200	6 620
合计	27 300	18 660	19 500	38 720	12 500	12 100

要求:根据上面资料采用逐步结转分步法计算完工产品成本,并进行成本还原,将计算结果填入表 11.8 至表 11.11。

表 11.8 第一步骤产品成本计算单

2014 年 1 月　　　　　　　　　　　　　　　　　　　　　单位:元

成本项目	直接材料	直接人工	制造费用	合计
月初在产品成本				
本月发生费用				
合计				
约当产量				
分配率				
完工半成品成本				
月末在产品成本				

表 11.9 第二步骤产品成本计算单

2014 年 1 月　　　　　　　　　　　　　　　　　　　　　单位:元

成本项目	直接材料	直接人工	制造费用	合计
月初在产品成本				
本月发生费用				

续表11.9

成本项目	直接材料	直接人工	制造费用	合计
合计				
约当产量				
分配率				
完工半成品成本				
月末在产品成本				

表11.10　第三步骤产品成本计算单
2014年1月　　　　　　　　　　　　　　　　　　　　　　单位：元

成本项目	直接材料	直接人工	制造费用	合计
月初在产品成本				
本月发生费用				
合计				
约当产量				
分配率				
完工产品成本				
月末在产品成本				

表11.11　产成品成本还原计算表
2014年1月　　　　　　　　　　　　　　　　　　　　　　单位：元

项目	还原分配率	乙半成品	甲半成品	直接材料	直接人工	制造费用	合计
还原前产成品成本							
二车间乙半成品的成本还原							
产成品所耗乙半成品的成本还原							
一车间生产甲半成品成本							
产成品所耗甲半成品的成本还原							
还原后产成品成本							

3.某企业生产B产品，经过三个生产步骤。由于该产品在各步骤的半成品不对外销售，管理上也不需要计算各步骤半成品成本，为简化核算，企业采用平行结转分步法计算产品成本。采用约当产量法计算各步骤应计入产成品成本份额，原材料在生产开始时一次性投入，各生产步骤狭义在产品的完工程度均为50%。2014年5月份有关资料（表11.12、表11.13）如：

表 11.12　产量记录

2014 年 5 月　　　　　　　　　　　　　　　　　　　　　　　　　　　　　　单位:件

项目	第一步骤	第二步骤	第三步骤
月初在产品数量	100	500	80
本月投产数量	2 000	1 500	1 700
本月完工数量	1 500	1 700	1 600
月末在产品数量	600	300	180

表 11.13　生产费用资料

2014 年 5 月　　　　　　　　　　　　　　　　　　　　　　　　　　　　　　单位:元

成本项目	月初在产品成本				本月发生费用			
	第一步骤	第二步骤	第三步骤	合计	第一步骤	第二步骤	第三步骤	合计
直接材料	20 000	—	—	20 000	33 600	—	—	33 600
燃料及动力	6 000	4 000	3 000	13 000	36 840	7 580	12 210	56 630
直接人工	4 000	3 500	2 800	10 300	34 080	6 150	24 240	64 470
制造费用	2 000	2 800	2 600	7 400	17 040	2 990	10 920	30 950
合计	32 000	10 300	8 400	50 700	121 560	16 720	47 370	185 650

要求:采用平行结转分步法计算产品成本。并将计算结果填入表 11.14 至表 11.17。

表 11.14　第一步骤产品成本计算单

2014 年 5 月　　　　　　　　　　　　　　　　　　　　　　　　　　　　　　单位:元

项目		直接材料	燃料及动力	直接人工	制造费用	合计
月初在产品成本						
本月发生费用						
合计						
产量	完工产品数量					
	在产品数量					
	合计					
单位成本						
应计入产成品成本中的份额						
月末在产品成本						

表11.15　第二步骤产品成本计算单

2014年5月　　　　　　　　　　　　　　　　　　　　　　　　单位:元

项目		直接材料	燃料及动力	直接人工	制造费用	合计
月初在产品成本						
本月发生费用						
合计						
产量	完工产品数量					
	在产品数量					
	合计					
单位成本						
应计入产成品成本中的份额						
月末在产品成本						

表11.16　第三步骤产品成本计算单

2014年5月　　　　　　　　　　　　　　　　　　　　　　　　单位:元

项目		直接材料	燃料及动力	直接人工	制造费用	合计
月初在产品成本						
本月发生费用						
合计						
产量	完工产品数量					
	在产品数量					
	合计					
单位成本						
应计入产成品成本中的份额						
月末在产品成本						

表11.17　完工产品成本汇总计算单

2014年5月　　　　　　　　　　　　　　　　　　　　　　　　单位:元

项目	直接材料	燃料及动力	直接人工	制造费用	合计
第一步骤					
第二步骤					
第三步骤					
成本合计					
单位成本					

第十二章
Chapter 12

产品成本计算的其他方法

一、学习目标

（一）知识目标
1. 理解产品成本计算分类法的特点、适用范围以及优缺点和应用条件
2. 掌握分类法的计算程序和计算方法
3. 理解产品成本计算定额法的主要特点和适用范围以及计算程序
4. 理解联产品、副产品的主要特点以及掌握联产品、副产品和等级品的计算方法

（二）能力目标
1. 掌握产品成本计算的分类法、定额成本法的原理及其基本生产成本明细账的登记方法
2. 在实际工作中能运用分类法和定额法进行产品成本计算
3. 运用各种成本计算方法计算联产品、副产品的成本并进行账务处理

二、内容简介

产品成本计算的辅助方法主要包括分类法及定额法。分类法是指先以产品的类别作为成本计算对象，归集生产费用，计算出各类完工产品的成本，然后采用一定的方法再将总成本在同类产品中进行分配，计算出各种产品成本的方法。分类法主要适用于产品品种、规格繁多而且又可以按一定标准分类的大量生产企业，如无线电元件、针织、视频、化学试剂生产等企业；另外，分类法还适用于联产品、副产品和等级品生产的企业以及企业除主要产品以外生产的零星产品的成本计算。

实际工作中可以与品种法或分步法计算产品成本结合使用，也可以与分批法结合使用，计算完工产品成本。

定额法是以产品的品种(或类别)作为成本计算对象,根据产品的实际产量,计算产品的定额生产费用以及实际费用脱离定额的差异,用完工产品的定额成本,加上或减去定额差异、定额变动差异,从而计算出完工产品成本和在产品成本的一种方法。计算公式为

产品的实际成本 = 定额成本 ± 定额差异 ± 定额变动 ± 材料成本差异

定额法一般适用于产品已经定型,品种不多,规格、型号、工艺过程比较稳定,定额管理制度比较健全,各项消耗定额比较准确、稳定,成本核算工作基础较好的企业。

三、预习要览

(一)重点

分类法成本计算的特点;系数法的应用;定额法成本计算的特点;脱离定额差异的计算。

(二)难点

按定额比例法进行分类产品成本的计算;脱离定额差异和定额变动差异的分配。

(三)重要概念

分类法 综合系数 单项系数 标准成本定额法
定额成本 脱离定额差异 定额变动差异

(四)关键问题

1. 产品成本计算分类法的核算程序是什么?
2. 分类法下类内产品成本的分配方法有哪些?其适用条件是什么?
3. 产品成本计算分类法的使用范围及特点是什么?
4. 为什么要采用定额法计算成本?
5. 定额法有什么特点?
6. 产品的定额成本如何制定?
7. 脱离定额差异如何计算?
8. 脱离定额差异与定额变动差异的区别是什么?
9. 定额法下完工产品和月末在产品定额成本的计算和各种差异应如何分配?

四、本章训练

(一)单项选择题

1. (　　)计算的产品成本具有一定的假定性。
   A. 分类法　　　　　　　　B. 定额法
   C. 简化分批法　　　　　　D. 品种法

2. (　　)核算工作量大。

A. 分类法 B. 定额法
C. 分批法 D. 品种法

3. 在产品品种、规格较多的企业,为了( )可以采用分类法。
A. 分类计算产品成本 B. 简化产品成本计算工作
C. 分品种计算产品成本 D. 正确计算产品成本

4. 当完工产品实际成本定额变动差异为正数,表明企业( )。
A. 本月实际成本超支 B. 本月实际成本节约
C. 本月消耗定额降低 D. 本月消耗定额上升

5. 分类法的成本计算对象是( )。
A. 产品品种 B. 产品类别
C. 产品规格 D. 产品加工步骤

6. 采用分类法按系数分配计算类内各种产品成本时,对于系数的确定方法是( )。
A. 选择产量大的产品作为标准产品,将其分配标准数确定为1
B. 选择产量大、生产稳定的产品作为标准产品,将其分配标准数确定为1
C. 选择产量大、生产稳定或规格折中的产品作为标准产品,将其分配标准数定为1
D. 自行选择一种产品作为标准产品,将其分配标准数定为1

7. 下列企业适合采用分类法计算产品成本的是( )。
A. 制鞋厂 B. 小型水泥厂
C. 造纸厂 D. 精密仪器生产企业

8. 由于修改旧定额而产生的新旧定额之间的差额称为( )。
A. 定额差异 B. 材料成本差异
C. 定额变动差异 D. 脱离定额差异

9. 定额法下的定额变动差异是指由于修订消耗定额或生产耗费的计划价格而产生的( )。
A. 计划价格与实际价格的差额 B. 新旧定额的差额
C. 实际价格与实际价格的差额 D. 月初定额与月末定额的差额

10. 定额法下的产品成本计算单中,在消耗定额降低时,月初在产品的定额成本调整和定额变动差异数( )。
A. 都是负数 B. 都是正数
C. 前者是正数,后者是负数 D. 前者是负数,后者是正数

(二)多项选择题

1. 分类法下对于类内产品成本的计算,一般可以采用的方法有( )。
A. 系数法 B. 按定额成本计价法
C. 按定额比例法计算 D. 分批法

E. 约当产量法

2. 采用分类法计算产品成本时应注意的问题有( )。
A. 类内产品品种不能过多   B. 类内产品品种不能太少
C. 分配标准可由企业自由选择   D. 分配标准应有所选择
E. 类距要适当

3. 采用系数法分配计算类内各种产品成本时,可以按单项系数进行分配,( )。
A. 分子是某种产品直接材料定额成本,分母是标准产品直接材料定额成本
B. 分子是某种产品定额工时,分母是标准产品定额工时
C. 分子是某种产品定额制造费用,分母是某种产品直接材料成本
D. 分子是标准产品定额制造费用,分母是某种产品定额制造费用

4. 采用系数分配法分配各种产品成本的程序有( )。
A. 确定系数   B. 确定分配标准
C. 确定各成本项目费用分配率 D. 计算分配各种产成品成本
E. 确定计划成本

5. 定额法的特点除了包括成本计算对象和成本计算期外,还包括( )。
A. 以定额成本作为产品成本计算的基础
B. 事先制定各种产品的消耗定额
C. 对产品成本实行事中控制
D. 对产品成本实行事后分析
E. 结合成本计算的基本方法

6. 采用定额法时,产品的实际成本是在计算出产品定额成本的基础上,加减( )而取得的。
A. 定额原材料费用   B. 定额工时
C. 费用定额   D. 原材料定额消耗量
E. 制造费用定额

7. 单位产品定额成本通常是由( )制定的。
A. 生产部门   B. 会计部门
C. 计划部门   D. 技术部门
E. 人事部门

8. 采用定额法时,完工产品的实际成本是由( )构成的。
A. 完工产品定额成本   B. 完工产品脱离定额差异
C. 完工产品定额变动差异   D. 完工产品材料成本差异
E. 完工产品计划成本

9. 原材料脱离定额差异的核算方法一般有( )。

A. 限额法 B. 一次交互分配法
C. 切割法 D. 盘存法
E. 分步法

10. 在定额法下,计算产品应分配的材料成本差异时,需要的指标是(　　)。
A. 产品原材料的定额费用 B. 产品原材料的计划费用
C. 原材料脱离定额的差异 D. 原材料定额变动差异
E. 原材料成本差异率

(三)判断题

1. 在实际工作中,分类法要根据各类产品的工艺特点和管理上的需要,与品种法、分批法或分步法结合运用。(　　)
2. 定额变动差异通常应按照定额成本的比例,在完工产品与月末在产品之间进行分配。(　　)
3. 采用定额法核算时,原材料定额成本以计划价格反映,月末计算所耗原材料的实际成本与计划成本之间的价格差异,以确定材料脱离定额差异。(　　)
4. 分类法适用于产品品种、规格较多,并可按一定标准进行分类的企业的成本计算,也是成本计算的一种基本方法。(　　)
5. 联产品可能会发生可归属成本,而副产品则不可能有可归属成本。(　　)
6. 分类法的成本计算期与会计报告期相一致。(　　)
7. 分类法在同类产品之间分配产品成本的方法有系数分配法和定额比例法。(　　)
8. 联产品是企业的主要产品,是企业收入的主要来源,而副产品是非主要产品,价值较低,这是它们的主要区别。(　　)
9. 定额变动差异反映了生产费用的节约额或超值额。(　　)
10. 定额法的缺点是工作量大而适用面窄。(　　)

(四)计算分析题

1. 某厂生产甲类产品,包括 A、B、C、D 四种产品,其中 B 产品产量较大,规格折中,规定为标准产品。根据本月的各种费用分配表,登记该类产品的基本生产成本明细账,见表 12.1。

表 12.1　甲类产品成本计算单

项目	直接材料	直接人工	制造费用	合计
月初在产品成本	1 620	950	650	3 220
本月生产费用	4 960	1 920	2 090	8 970
生产费用合计	6 580	2 870	2 740	12 190

续表 12.1

项目	直接材料	直接人工	制造费用	合计
月末在产品成本	700	1 030	670	2 400
完工产品成本	5 880	1 840	2 070	9 790

表 12.2　产量及定额资料

名称	产量/件	单位产品材料费用定额/元	单位产品工时定额/小时
A 产品	130	20	80
B 产品	200	10	50
C 产品	180	5	30
D 产品	100	25	200

要求：根据上列资料用系数分配法分配甲类产品成本，并将计算结果填制到表 12.3 至表 12.5 中。

表 12.3　产品系数计算表

产品名称	产量/件	原材料费用		加工费用	
		单位系数	总系数	单位系数	总系数
A 产品					
B 产品					
C 产品					
D 产品					

表 12.4　产品各项费用分配率计算表

项目	直接材料	直接人工	制造费用	合计
产品总成本				
产品总系数				
分配率				

表 12.5　各种产品成本计算表

项目	产量/件	原材料费用		加工费用			
		原材料费用总系数	加工费用总系数	直接材料	直接人工	制造费用	合计
费用分配率							
A 产品							
B 产品							
C 产品							
D 产品							

续表12.5

项目	产量/件	原材料费用		加工费用			
		原材料费用总系数	加工费用总系数	直接材料	直接人工	制造费用	合计
合计							

2. 某厂有甲在产品100件,加工程度为50%,本月投产甲产品800件,有关在产品和本月投产产品的定额成本和脱离定额差异已列入基本生产成本明细账中,本月领用材料的成本差异率为2%。由于材料采购成本降低,甲产品单位定额成本由125元调整为110元,其他各成本项目的定额不变。本月完工甲产品750件,单位定额成本为225元,其中:直接材料为110元,直接人工为60元,燃料及动力费为15元,制造费用为40元。

要求:计算在产品定额变动差异、甲产品应负担的材料成本差异,并在基本生产成本明细账上计算脱离定额差异分配率、完工产品定额成本、脱离定额差异、完工产品实际成本、在产品定额成本和在产品脱离定额差异。

表12.6 基本生产成本明细账

产品名称:甲产品

摘要	直接材料	直接人工	燃料及动力	制造费用	合计
在产品定额成本	12 500	3 000	750	2 000	18 250
在产品脱离定额差异	-370	-125	-15	45	-465
在产品定额成本调整					
在产品定额变动差异					
本月定额成本	88 000	46 500	11 625	31 000	177 125
本月脱离定额差异	-2 600	-2 350	-480	780	-4 650
本月材料成本差异					
定额成本合计					
脱离定额差异合计					
材料成本差异合计					
定额变动差异					
脱离定额差异分配率					
完工产品定额成本					
完工产品脱离定额差异					
完工产品材料成本差异					
完工产品定额变动差异					
结转完工产品实际成本					
在产品定额成本					
在产品脱离定额差异					

第十三章
Chapter 13

标准成本制度

一、学习目标

（一）知识目标

1. 熟悉标准成本的概念、制定及其实施
2. 标准成本差异的内容及其计算
3. 直接材料、直接人工和制造费用差异的计算和分析

（二）能力目标

1. 根据企业的实际情况制定标准成本
2. 在实际工作中，计算直接材料成本差异、直接人工差异和制造费用差异，并根据计算结果进行分析

二、内容简介

标准成本制度是根据标准成本来计算成本，标准成本是企业根据产品的各项标准消耗量（如材料、工时等）及标准费用率计算出来的产品的标准成本。标准成本的内容主要包括：直接材料成本差异两因素分析法和三因素分析法的运用；直接人工成本差异两因素分析法和三因素分析法的运用；变动制造费用和固定制造费用的分析方法。

利用标准成本与实际成本相比较的差异，可以分析差异产生的原因，采取相应的措施，控制费用的支出，逐渐达到标准成本的水平，从而可以不断降低产品的实际成本。

三、预习要览

（一）重点

直接材料成本差异两因素分析法和三因素分析法的运用；直接人工成本差异两因素分析

法和三因素分析法的运用;制造费用分为变动制造费用和固定制造费用的分析方法;标准成本制度的账务处理程序。

(二)难点

标准成本差异的处理方式;标准成本制度与定额成本制度的主要区别。

(三)重要概念

标准成本制度　标准成本差异　两因素分析法　三因素分析法

(四)关键问题

1. 标准成本制度的特点是什么?
2. 标准成本制度实施的步骤是什么?
3. 如何制定标准成本?
4. 直接材料成本差异的影响因素有哪些?怎样计算各因素的影响?
5. 直接人工成本差异的影响因素有哪些?怎样计算各因素的影响?
6. 影响制造费用成本差异的因素有哪些?怎样计算各因素的影响?

四、本章训练

(一)单项选择题

1. 在制造费用分为变动制造费用和固定制造费用的情况下,生产能力利用差异的计算公式是(　　)。

　A.(实际工时 – 预算工时)× 固定制造费用预算分配率

　B.(预算工时 – 实际工时)× 固定制造费用预算分配率

　C.(实际工时 – 标准工时)× 固定制造费用预算分配率

　D.(标准工时 – 实际工时)× 固定制造费用预算分配率

2. 我国企业按标准成本制度进行核算时,应设置的差异账户是(　　)。

　A. 生产成本差异　　　　　　　　B. 材料价格差异

　C. 直接人工差异　　　　　　　　D. 制造费用差异

3. 在定额成本制度下,生产成本科目的借贷方是(　　)。

　A. 按定额成本登记　　　　　　　B. 按标准成本登记

　C. 按实际成本登记　　　　　　　D. 按计划成本登记

4. 在将制造费用分为变动制造费用和固定制造费用的情况下,变动制造费用差异的影响因素可分为效率差异和耗费差异,其中效率差异的计算公式是(　　)。

　A.(预算工时 – 标准工时)× 制造费用预算分配率

　B.(预算工时 – 标准工时)× 变动制造费用预算分配率

C.（实际工时－标准工时）×制造费用预算分配率

D.（实际工时－标准工时）×变动制造费用预算分配率

5.制造费用的标准成本,应以各责任部门为单位,按固定费用和变动费用编制费用预算,为了计算固定费用和变动费用标准分配率,应以确定的预算费用除以（　　）。

　A.预算生产量　　　　　　　　B.实际生产量
　C.预算工时　　　　　　　　　D.实际工时

（二）多项选择题

1.计算分析制造费用成本差异通常通过分别计算（　　）来进行分析。

　A.变动性制造费用成本差异　　B.半变动性制造费用成本差异
　C.半固定制造费用成本差异　　D.固定性制造费用成本差异
　E.制造费用分配率

2.对标准成本差异的处理,可采用的方法有（　　）。

　A.由各种受益产品负担　　　　B.由库存产成品负担
　C.由在产品负担　　　　　　　D.由本期销售产品负担
　E.由完工产品负担

3.标准成本差异是实际成本与标准成本之间的差额,具体包括（　　）。

　A.直接材料数量差异　　　　　B.固定制造费用生产能力利用差异
　C.固定制造费用耗费差异　　　D.直接材料分配率差异
　E.直接人工效率差异

4.标准成本制度与定额成本制度的不同之处在于（　　）。

　A.标准成本制度下,生产成本科目按标准成本登记
　B.定额成本制度下,生产成本科目按实际成本登记
　C.定额成本制度下,单独设置各种成本差异科目反映成本差异
　D.定额成本制度下,不单独设置各种成本差异科目反映成本差异
　E.标准成本制度下不要求计算产品实际成本,而定额成本法要求计算产品实际成本

5.标准成本制度的优点是（　　）。

　A.有利于成本控制　　　　　　B.有利于成本核算
　C.有利于简化会计工作　　　　D.有利于正确评价业绩
　E.有利于价格决策

（三）判断题

1.在制定直接材料标准成本时,应将重点放在材料的价格上,价格降低了,成本就下降了。（　　）

2.标准成本差异主要是数量差异。（　　）

3. 标准成本差异是指原材料实际成本脱离计划成本形成的差异。（ ）
4. 在标准成本制度下，为了正确计算各种产品实际成本，应选择恰当的分配标准将各种成本差异在各种产品之间进行分配。（ ）
5. 制造费用标准成本的制定，应以各责任部门为单位，但不需要区分固定费用和变动费用来编制费用预算。（ ）

（四）计算分析题

某企业生产甲产品，本月计划产量2 000个，实际产量2 000个，固定性制造费用预算总额85 800元，预计生产能力标准22 000总工时。

（1）甲产品标准成本资料见表13.1。

表13.1　甲产品标准成本资料

项目	标准用量	标准价格	标准成本
直接材料			
其中：甲材料	10 千克	8 元	150
乙材料	5 千克	12 元	95
直接人工	10 小时	8 元	80
变动制造费用	10 小时	3 元	30
固定制造费用	10 小时	4 元	40
合计	—	—	395

（2）甲产品实际成本消耗资料见表13.2。

表13.2　甲产品实际成本消耗资料

项目	实际用量	实际平均单价	实际金额
直接材料			390 000
其中：甲材料	40 000 千克	6 元	240 000
乙材料	15 000 千克	10 元	150 000
直接人工	18 000 小时	8 元	144 000
变动制造费用	18 000 小时	4 元	72 000
固定制造费用	18 000 小时	3 元	54 000
合计	—	—	1 050 000

要求：对甲产品本月实际成本脱离标准的差异进行计算和分析。

第十四章
Chapter 14

成本报表

一、学习目标

（一）知识目标

1. 熟悉成本报表的作用、分类、编制依据和要求
2. 各种成本费用表的种类、结构及其编制
3. 掌握成本分析的各种方法，熟练运用比较分析法和因素分析法
4. 掌握全部商品产品和可比产品成本计划完成情况的总体分析和因素分析
5. 掌握主要商品产品的单位成本计划完成情况的总体分析和成本项目分析

（二）能力目标

1. 根据成本会计核算资料以及其他有关资料，编制商品产品成本报表、主要产品成本表和制造费用明细表
2. 能比较熟练地运用成本报表分析方法对成本报表进行一般性分析，作比较中肯的评价

二、内容简介

成本报表是按照成本会计的需求，根据企业日常成本核算资料定期或不定期编制，用以反映企业生产成本水平、构成及其升降变动情况，考核和分析一定时期内生产费用预算和产品成本计划执行情况的报告文件。根据成本报表反映的主要经济内容划分，可以分为商品产品成本报表、主要产品单位成本表、制造费用明细表、财务费用明细表、管理费用明细表、销售费用明细表及其他成本报表。

三、预习要览

（一）重点

理解成本报表的作用、种类和特点，掌握产品成本报表以及各种费用报表的结构和内容。

（二）难点

掌握商品产品成本报表、主要产品单位成本报表、制造费用明细表及期间费用明细表的编制方法及要求。

（三）重要概念

成本报表　商品产品成本表　主要产品成本表　制造费用成本表　可比产品　不可比产品　期间费用报表

（四）关键问题

1. 成本报表的种类有哪些？
2. 成本报表的编制要求有哪些？
3. 成本报表在成本管理中有什么作用？
4. 什么是产品成本表？该表结构如何？如何编制？
5. 商品产品成本表的作用有哪些？
6. 如何编制期间费用报表？
7. 其他成本报表有何特点？

四、本章训练

（一）单项选择题

1. 下列不属于成本报表的是(　　)。
   A. 制造费用明细表　　　　　　B. 主要产品单位成本表
   C. 现金流量表　　　　　　　　D. 商品产品成本表
2. 确立成本报表的种类、项目、格式和编制方法的单位是(　　)。
   A. 企业自身　　　　　　　　　B. 财政部门
   C. 主管企业的上级机构　　　　D. 审计部门
3. 在"主要产品单位成本表"中不需要反映的指标是(　　)。
   A. 上年实际平均单位成本　　　B. 本年计划单位成本
   C. 本月实际单位成本　　　　　D. 本月实际总成本
4. 可比产品成本降低额与可比产品成本降低率之间的关系是(　　)。
   A. 成反比　　　　　　　　　　B. 成正比

C. 同方向变动 D. 无直接关系

5. 商品产品成本表的填列必须做到(　　)。
   A. 主要产品逐一填列,非主要产品可以汇总填列
   B. 主要产品与非主要产品汇总填列
   C. 只填列主要产品,并汇总填列
   D. 非主要产品同主要产品一样,须逐一填列

6. 按产品类别反映的产品生产成本表中,反映上年成本资料的产品是(　　)
   A. 库存商品 B. 已销售商品
   C. 可比产品 D. 不可比产品

7. 经济技术指标变动对产品成本的影响主要表现在对(　　)指标的影响。
   A. 产品总成本 B. 产品单位成本
   C. 产品产量 D. 产品总成本和产品产量

8. 在生产单一品种的情况下,影响可比产品成本降低额变动的因素仅是下列的(　　)。
   A. 产品产量 B. 产品单位成本
   C. 产品产量和产品单位成本 D. 产品产量、单位成本和品种结构

9. 下列关于主要产品单位成本表的说法,错误的是(　　)。
   A. 主要产品单位成本表是反映企业在报告期内生产的各种主要产品单位成本构成情况的报表
   B. 主要产品单位成本表应按主要产品分别编制
   C. 主要产品单位成本表示对产品生产成本表的补充说明
   D. 主要产品单位成本表是反映企业在报告期内全部产品单位成本构成情况的报表

10. 企业成本报表(　　)。
    A. 是对外报送的报表
    B. 是对内编报的报表
    C. 有关部门规定哪些指标对外公布,哪些指标不对外公布
    D. 根据债权人和投资人的要求,确定哪些指标对外公布,哪些指标不对外公布

(二)多项选择题

1. 内部报表是为企业各管理部门提供的报表,以下设计的内部报表属于成本报表的是(　　)。
   A. 工人工作效率表 B. 材料价格差异分析表
   C. 材料耗用月报表 D. 期间费用分析表
   E. 成本分析表

2. 编制成本报表的基本要求(　　)。
   A. 数字准确 B. 内容完整

C. 编报及时 D. 对外报送
E. 对内报送

3. 下列科目中,属于编制成本报表依据的有( )
   A. 生产成本 B. 所得税费用
   C. 制造费用 D. 管理费用
   E. 财务费用

4. 各因素变动对可比产品成本降低任务完成情况的影响主要有( )。
   A. 产品单位成本 B. 产品品种构成
   C. 产品单位利润 D. 产品产量
   E. 产品单位税金

5. 企业编制的成本报表中,除了商品产品成本表和主要产品单位成本表,还要编制的其他成本报表有( )。
   A. 制造费用明细表 B. 财务费用明细表
   C. 管理费用明细表 D. 营业费用明细表
   E. 产品单位成本明细表

6. 工业企业成本报表一般包括( )
   A. 产品生产成本表 B. 主要产品单位成本表
   C. 制造费用明细表 D. 管理费用明细表
   E. 财务费用明细表

7. 主要产品单位成本表反映的单位成本包括( )
   A. 本月实际 B. 历史先进水平
   C. 本年计划 D. 上年实际平均
   E. 本年累计实际平均

8. 生产多品种情况下,影响可比产品成本降低额变动的因素有( )
   A. 产品产量 B. 产品单位成本
   C. 产品价格 D. 产品品种结构
   E. 产品总成本

9. 主要产品单位成本表中反映的内容主要包括( )
   A. 产品产量 B. 产品单位生产成本
   C. 主要技术经济指标 D. 产品的销售价格
   E. 产品计划产量

10. 期间费用明细表,一般按照期间费用项目分别反映费用项目的( )
    A. 本年计划数 B. 上年同期实际数
    C. 本月实际数 D. 本年累计实际数

E. 本月计划数

(三)判断题

1. 利用"商品产品成本表"可以计算出可比产品和不可比产品成本的各种总成本和单位成本。（　　）
2. 本年累计实际产量与本年计划单位成本之积称为按本年实际产量计算的本年累计总成本。（　　）
3. 企业编制的所有成本报表中，"商品产品成本表"是最主要的报表。（　　）
4. 制造费用明细表只需列出"上年同期实际数"及"本年累计实际数"两栏数。（　　）
5. 企业按年编制制造费用分配表。（　　）
6. 所有的成本报表，不论对内、对外都要求计算上绝对准确。（　　）
7. 内部成本报表必须和责任会计组织相配合，以明确责任的成本。（　　）
8. 可比产品成本降低率等于可比产品成本降低额与本年累计的实际总成本之比。（　　）
9. 期间费用报表一般包括管理费用报表、财务费用明细表和销售费用明细表。（　　）
10. 企业主管机构利用成本报表，通过对成本报表的分析，可以有效监督企业经济活动。（　　）

(四)计算分析题

朝阳机电有限公司主要生产电动机，电动机有三种型号：M-1、M-2、M-3。生产用原材料主要有钢材、铸铁及木板。2013年主要产品生产成本为1 442 490元。年末企业编制成本报表。2013年有关成本资料见表14.1、表14.2。

表14.1　产量资料汇总表

2013年12月

产品名称		电动机 M-1	电动机 M-2	电动机 M-3
产量	上年实际	1 050	2 400	3 500
	本年计划	1 000	2 500	3 400
	本月实际	100	200	300
	本年实际	1 100	2 450	3 500

表14.2 单位成本汇总表

2013年12月　　　　　　　　　　　　　　　　　　　　　　　单位:元

	成本项目		直接材料	直接人工	制造费用	合计
电动机 M-1	单位成本	上年实际平均	153	60	40	253
		本年计划	152	60	40	252
		本月实际	152	61	38	251
		本年实际平均	154	62	36	252
电动机 M-2	单位成本	上年实际平均	116	40	34	190
		本年计划	115.7	42	33.6	191.3
		本月实际	126	38	28	192
		本年实际平均	126	37.4	30.8	194.2
电动机 M-3	单位成本	上年实际平均	120	50	30	200
		本年计划	120	50	28	198
		本月实际	115	53	28	196
		本年实际平均	117	49	31	197

要求:根据产量与单位成本资料,编制产品"产品生产成本表"(表14.3),将计算结果填制表中。

表14.3 产品生产成本表

2013年12月　　　　　　　　　　　　　　　　　　　　　　　单位:元

产品名称	计量单位	实际产量		单位成本				本月总成本			本年累计总成本		
		本月	本年	上年实际	本年计划	本月实际	本年实际	上年实际	计划	本月实际	上年实际	本年计划	本年实际
电动机 M-1	件												
电动机 M-2	件												
电动机 M-3	件												
合计	—			—									

第十五章
Chapter 15

成本分析与成本考核

一、学习目标

（一）知识目标

1. 掌握成本分析的各种方法，熟练运用比较分析法和因素分析法
2. 掌握全部商品产品和可比产品成本计划完成情况的总体分析和因素分析
3. 掌握主要商品产品的单位成本计划完成情况的总体分析和成本项目分析

（二）能力目标

1. 根据成本会计核算资料以及其他有关资料，编制商品产品成本报表、主要产品成本表和制造费用明细表
2. 能比较熟练地运用成本报表分析方法对成本报表进行一般性分析与考核，作比较中肯的评价

二、内容简介

成本分析与成本考核是现代成本管理的重要内容，是成本控制效果的具体反映。开展成本分析与成本考核，有利于了解企业成本计划的完成情况，分析影响成本升降的因素，督促企业降低成本以及考评企业成本管理工作绩效。

成本分析方法是完成成本分析目标的重要手段。通常采用的方法有比较分析法、比率分析法、连环替代法等。成本分析内容包括全部商品成本计划完成情况分析、可比产品成本降低任务完成情况分析、主要产品单位成本分析，企业应从不同方面寻找影响产品成本变动的具体原因，以便及时采取对策，不断降低成本。

成本考核需先编制和修订责任成本的预算，然后确定成本考核的指标，最后根据考核结果

评价。

三、预习要览

（一）重点

责任成本考核；连环替代法的分析程序；差额计算法的分析程序；全部商品成本计划完成情况分析；可比产品成本降低任务完成情况分析；主要产品单位成本分析。

（二）重点

连环替代法分析程序及应注意的问题；主要产品单位成本分析。

（三）重要概念

成本分析　连环替代法　全部产品成本分析　可比产品成本降低额　成本考核　责任成本

（四）关键问题

1. 影响产品成本的因素有哪些？
2. 成本分析的方法有哪些？
3. 连环替代分析法的分析程序及其运用时应注意的问题有哪些？
4. 怎样对全部商品产品成本进行分析？应注意哪些问题？
5. 可比产品成本降低任务完成情况的分析对象如何确定和计算？
6. 产品单位成本主要项目分析包括哪些内容？怎样对各主要项目进行分析？
7. 成本考核的内容是什么？责任成本的考核内容是什么？

四、本章训练

（一）单项选择题

1. 为了适应社会主义市场经济发展的要求，一般应以（　　）作为成本考核指标。
   A. 可比产品成本计划完成指标　　B. 全部产品成本计划完成率
   C. 标准成本　　D. 责任成本

2. （　　）是目标成本管理的重要环节。
   A. 成本控制　　B. 成本考核
   C. 成本分析　　D. 成本计划

3. 影响产品成本的固有因素是（　　）。
   A. 企业规模和技术装备水平　　B. 成本管理制度的改革
   C. 市场需求和价格水平　　D. 生产设备利用效果

4. 影响产品成本的微观因素是（　　）。

A.市场需求和价格水平　　　　　　B.生产设备利用效果
C.企业的专业化协作水平　　　　　D.企业地理位置和资源条件

5.指标对比分析法包括(　　)。
A.趋势分析法　　　　　　　　　　B.垂直分析法
C.水平分析法　　　　　　　　　　D.实际指标与计划指标对比

6.下列有关责任成本的表述中,正确的是(　　)。
A.责任成本与产品成本的目标是不一致的
B.责任成本是发生在成本中心的成本
C.责任成本只包括可控成本
D.责任成本与产品成本完全不同

7.责任成本考核的关键在于(　　)。
A.编制责任成本预算　　　　　　　B.修订责任成本预算
C.确定成本考核指标　　　　　　　D.评价最终业绩

8.影响可比产品成本降低率的因素有(　　)。
A.产品产量　　　　　　　　　　　B.产品单位成本
C.产品的规格和种类　　　　　　　D.产品数量

9.某产品单位材料计划耗用量10千克,实际耗用量9.5千克,每千克计划价格50元,实际价格55元,则该产品单位成本的量差影响额是(　　)。
A.25元　　　　　　　　　　　　　B.-25元
C.27.5元　　　　　　　　　　　　D.-27.5元

10.把综合性指标分解为各个因素,研究诸因素变动对综合性指标变动影响程度的分析方法是(　　)。
A.对比分析法　　　　　　　　　　B.趋势分析法
C.比率分析法　　　　　　　　　　D.因素分析法

(二)多项选择题

1.责任成本与产品成本的主要区别是(　　)。
A.成本核算的对象不同　　　　　　B.成本核算的原则不同
C.成本核算的内容不同　　　　　　D.成本核算的目的不同
E.成本核算的时间不同

2.下列说法中,正确的是(　　)。
A.责任中心所计量和考核的责任成本必须是可控成本
B.责任中心发生的成本都是可控成本
C.可控成本是相对于不可控成本而言的
D.可控成本是对责任中心进行成本考核的主要依据

E. 不可控成本是对责任中心进行成本考核的主要依据

3. 成本考核工作的内容主要包括( )。
A. 编制责任成本预算
B. 进行业绩评价
C. 修订责任成本预算
D. 确定成本考核指标
E. 确定成本考核对象

4. 成本评价标准中的预算标准包括( )。
A. 主要产品单位成本预算
B. 生产工时消耗标准
C. 制造费用预算
D. 管理费用预算
E. 财务费用预算

5. 下列有关成本考核的表述中正确的是( )。
A. 责任成本预算是各责任中心业绩控制和考核的重要依据
B. 成本考核是目标成本管理的重要环节
C. 成本考核必须同目标成本责任制结合起来
D. 成本考核应以弹性预算为依据
E. 成本考核应以零基预算为依据

6. 进行责任成本考核,应以( )为主要考核指标。
A. 营业利润
B. 目标成本节约额
C. 投资报酬率
D. 净利润率
E. 目标成本节约率

7. 比率分析法主要包括( )。
A. 构成比率分析
B. 连环替代分析法
C. 差额计算法
D. 相关比率分析
E. 偿债能力分析

8. 在可比产品成本降低任务完成情况分析中,既影响降低额又影响降低率的因素是( )。
A. 产品产量
B. 产品单位成本
C. 产品品种结构
D. 材料单位消耗量
E. 材料单价

9. 产品单位成本分析的内容主要包括( )。
A. 联产品成本分析
B. 可比产品成本分析
C. 直接材料成本分析
D. 直接人工项目分析
E. 制造费用项目分析

10. 产品成本分析的内容包括( )。
A. 可比产品成本分析
B. 单位产品成本分析

C. 联产品成本分析　　　　　　　　D. 产品成本降低幅度预测分析
E. 完工产品总成本分析

(三)判断题

1. 不论什么类型的责任中心，也不论其层次高低、所负责任大小，都有责任成本发生。
（　　）
2. 在对成本中心考核时，如果预算产量与实际产量不一致时，应先按弹性预算的方法调整预算指标，然后再进行考核。（　　）
3. 分清可控成本与不可控成本是责任中心成本核算的一个前提条件。（　　）
4. 成本分析的评价标准主要有行业标准和预算标准。（　　）
5. 差额计算法是连环替代法的一种简化形式。（　　）
6. 应用连环替代法时，各因素对经济指标差异数的影响，可根据需要选择替换顺序。
（　　）
7. 成本的可控性是就特定的责任中心、特定的期间和特定的权限而言的。（　　）
8. 成本中心不论其规模的大小，其控制和考核的内容是一致的。（　　）
9. 可比产品是指以前年度或上年度未正常生产过的产品。（　　）
10. 采用连环替代法进行产品成本分析时，替代顺序确定的一般原则是：先数量因素后质量因素。（　　）

(四)计算分析题

1. 根据表 15.1 中资料，运用连环替代法计算确定各有关因素变动对材料成本的影响。

表 15.1　甲产品材料消耗资料表

项目	计量单位	计划指标	实际指标
产品产量	吨	200	190
材料单耗	千克	300	320
材料单价	元	15	20

2. 某企业生产甲、乙、丙三种产品，前两种产品在上年度已生产过，后一种产品系本期新产品。2013 年各种产品产量和单位成本见表 15.2。

表15.2 产品产量和成本资料表
2013年12月　　　　　　　　　　　　　　　　　　　　　　　　　　　　单位:元

产品	产量/件		单位成本		
	计划	实际	上期实际	本期计划	本期实际
甲	800	900	160	151	137
乙	2 000	2 000	62	60	58
丙	900	1 000		100	102

要求:

(1)根据资料,按产品别分析全部商品成本计划的完成情况(将计算结果填入表15.3中)。

表15.3 商品产品成本分析表
2013年12月　　　　　　　　　　　　　　　　　　　　　　　　　　　　单位:元

商品产品	实际产量		差异	
	计划总成本	实际总成本	金额	%
可比产品				
甲产品				
乙产品				
合计				
不可比产品				
丙产品				
全部商品产品				

(2)根据上述资料,确定可比产品成本的降低任务和实际完成情况。

第十六章 Chapter 16

成本会计创新专题

一、学习目标

(一)知识目标

1. 适时生产制度的特点和基本要求
2. 实施适时生产制度会给企业带来的益处
3. 作业成本计算法的概念、内容以及与传统成本计算方法的区别
4. 战略成本管理的主要内容和特点
5. 质量成本的概念、构成及其分析

(二)能力目标

1. 熟悉适时生产制度、作业成本、战略成本和质量成本会计的案例
2. 根据提供的相关资料进行简单作业成本法的计算和操作

二、内容简介

作业成本法是一种以"成本驱动因素"理论为基本依据,根据产品或企业经营过程中发生和形成的产品与作业、作业链与价值链的关系,对成本发生的动因加以分析,选择"作业"为成本计算对象,归集和分配生产制造费用的成本核算方法和成本管理制度。

战略成本管理是在企业的成本管理中引入战略管理思想,从战略的角度来规划和控制影响企业成本高低的各个环节,强调成本管理要与企业的整体发展战略相一致,服从服务与企业的整体发展战略。

质量成本是将产品的质量与成本相结合,使技术与经济融为一体的一个成本概念。质量成本管理强调在提高质量和控制成本时要对两者进行适当权衡,力争以最低的质量成本实现

最佳的产品质量。

三、预习要览

（一）重点

理解适时生产制度的特点与基本要求、作业链与价值链的概念，战略成本会计与传统成本会计的区别，质量成本会计与传统成本会计的区别。

（二）难点

熟练掌握作业成本法的计算原理和计算程序，价值链的作用；质量成本的分析包括的内容。

（三）重要概念

适时生产制度　作业成本法　作业链　价值链　成本动因　战略
战略成本　质量成本　预防成本　检验成本

（四）关键问题

1. 质量成本决策分析方法有哪些？
2. 与传统成本管理相比较，战略成本管理有何特点？
3. 什么是作业和作业链？
4. 简述作业成本法的计算原理。
5. 什么是成本动因？成本动因通常可分为几种？
6. 简述作业成本管理的基本内容。
7. 战略成本管理主要包括哪些内容？
8. 简述作业成本法计算成本的一般程序。
9. 比较传统成本计算法与作业成本计算法。
10. 实施适时生产制度的基本要求是什么？

参考答案与解析

第一章

(一)单项选择题

1. B 2. C 3. B 4. D 5. A 6. A 7. D 8. D 9. C 10. A

(二)多项选择题

1. CD 2. ABCD 3. ABC 4. ABCDE 5. ABCDE

6. ABCDE 7. ABC 8. ABCDE 9. ABCE 10. ACE

(三)判断题

1. × 2. × 3. √ 4. × 5. √ 6. × 7. × 8. √ 9. √ 10. ×

第二章

(一)单项选择题

1. C 2. A 3. C 4. B 5. D 6. C 7. B 8. C 9. B 10. A 11. C 12. A 13. A 14. D

(二)多项选择题

1. ABCD 2. BD 3. ABCD 4. ABCD 5. ABC 6. ABCD 7. ABCE

8. BC 9. ABCD 10. ABCD 11. ABCE 12. ABCDE 13. ADE 14. ABCD

(三)判断题

1. √ 2. × 3. √ 4. × 5. √ 6. √ 7. × 8. × 9. √ 10. ×

第三章

(一)单项选择题

1. D 2. B 3. C 4. B 5. A 6. D 7. C 8. B 9. C 10. D 11. C 12. C 13. D 14. D 15. D 16. D 17. B

(二)多项选择题

1. ABE 2. BDE 3. BD 4. BCDE 5. AD 6. BCE 7. ABCDE

8. ABCDE 9. ABCE 10. ABC

(三)判断题

1. √ 2. √ 3. √ 4. √ 5. √ 6. × 7. √ 8. √ 9. √ 10. ×

(四)计算分析题

1. (1)定额耗用量分配率 = 1.02

(2)定额材料费用分配率 = 5.1

(3)借:基本生产成本

   ——A 产品   7 650

   ——B 产品   8 160

```
        ——C产品                              2 550
    贷:原材料                                      18 360
```
2.(1)定额耗用量分配率=0.95
(2)甲、乙产品应负担的计划成本分别为 42 750 和 64 125 元。
(3)甲、乙产品应负担的材料成本分别为 41 467.50 和 62 201.25 元。
3.(1)直接人工分配率=2.5
甲、乙产品应分配的直接人工费用分别为 37 500 和 12 500 元。
(2)会计分录:
```
借:基本生产成本——甲产品                  37 500
          ——乙产品                    12 500
    辅助生产成本                        13 000
    制造费用                          15 000
    管理费用                          12 500
    销售费用                          35 000
    贷:应付职工薪酬                           125 500
借:应付职工薪酬                        125 500
    贷:银行存款                             125 500
```
4.(1)

外购动力分配表

企业名称:中兴公司　　　　　　2014年3月31日　　　　　　　　　　单位:元

部门及用途			耗用量/度	生产工时	分配计入	分配金额
基本生产车间	生产产品	A产品	27 000	30 000	13 500	13 500
		B产品	18 000	20 000	9 000	9 000
	小计		45 000	50 000	22 500	22 500
制造费用	车间车间照明		5 000			2 500
辅助生产车间	生产耗用		17 000			8 500
	车间照明		3 000			1 500
行政管理	管理用		6 000			3 000
合计			76 000			38 000

(2)会计分录:
```
借:基本生产成本——A产品                  13 500
          ——B产品                    9 000
    辅助生产成本                        10 000
    制造费用                          2 500
    管理费用                          3 000
    贷:应付账款                              38 000
```

第四章

(一)单项选择题
1. C 2. A 3. D 4. D 5. B 6. B 7. C 8. B 9. C 10. A 11. C 12. C

(二)多项选择题
1. ABCD 2. BCE 3. AC 4. ABDE 5. BCD
6. ABCD 7. BDE 8. ABCDE 9. ABCDE 10. ACE

(三)判断题
1. √ 2. × 3. × 4. × 5. √ 6. × 7. × 8. × 9. √ 10. √

(四)计算分析题

1. (1)

① 表4.1 辅助生产费用分配表(直接分配法)

2014年2月   单位:元

辅助生产车间名称		运输	修理	合计
待分配成本		22 500	240 000	262 500
对外分配劳务数量		4 500 吨公里	600 工时	—
单位成本		5	400	—
基本生产车间	耗用数量	2 550	320	—
	分配金额	12 750	128 000	140 750
行政管理部门	耗用数量	1 950	280	—
	分配金额	9 750	112 000	121 750
合计		22 500	240 000	262 500

② 借:制造费用　　　　　　　　　　140 750
　　　管理费用　　　　　　　　　　121 750
　　贷:辅助生产费用——运输　　　　 22 500
　　　　　　　　　——修理　　　　240 000

(2)

① 表4.2 辅助生产费用分配表(一次交互分配法)

2014年2月   单位:元

辅助生产车间名称	对内分配		对外分配		合计
	运输	修理	运输	修理	
待分配成本	22 500	240 000	35 250	227 250	262 500
提供劳务数量	500 吨公里	640 工时	4 500 吨公里	600 工时	
单位成本	4.5	375	7.833 3	378.75	

续表 4.2

辅助生产车间名称			对内分配		对外分配		合计
			运输	修理	运输	修理	
辅助生产车间	运输	耗用数量		40			
		分配金额		15 000			
	机修	耗用数量	500				
		分配金额	2 250				
基本生产车间		耗用数量			2 550	320	
		分配金额			19 975	121 200	141 175
行政管理部门		耗用数量			1 950	280	
		分配金额			15 275	106 050	121 325
合计			15 000	35 250	227 250		262 500

②对内分配：

借：辅助生产费用——运输　　　2 250
　　　　　　　——修理　　　15 000
　贷：辅助生产费用——运输　　　15 000
　　　　　　　——修理　　　2 250

对外分配：

借：制造费用　　　　　　　141 175
　　管理费用　　　　　　　121 325
　贷：生产成本——辅助生产费用——运输　35 250
　　　　　　　　　　　　——修理　227 250

(3)

①

表 4.3　辅助生产费用分配表（计划成本分配法）

2014 年 2 月　　　　　　　　　　　　　　　　单位：元

辅助生产车间名称			运输	修理	合计
待分配成本			22 500	240 000	262 500
提供劳务数量			5 000 千米	640 工时	—
计划单位成本			5	350	—
辅助生产车间	运输	耗用数量		40	—
		分配金额		14 000	14 000
	机修	耗用数量	500		—
		分配金额	2 500		2 500
基本生产车间		耗用数量	2 550	320	—
		分配金额	12 750	112 000	124 750

续表4.3

辅助生产车间名称		运输	修理	合计
行政管理部门	耗用数量	1 950	280	—
	分配金额	9 750	98 000	107 750
按计划成本分配金额合计		25 000	224 000	249 000
辅助生产实际成本		36 500	242 500	279 000
辅助生产费用差异		11 500	18 500	30 000

②借:辅助生产费用——运输　　　　　　　　　　　　　14 000
　　　　　　　　　——修理　　　　　　　　　　　　　2 500
　　制造费用　　　　　　　　　　　　　　　　　　　124 750
　　管理费用　　　　　　　　　　　　　　　　　　　107 750
　贷:生产成本——辅助生产费用——运输　　　　　　　25 000
　　　　　　　　　　　　　　　——修理　　　　　　224 000

借:管理费用　　　　　　　　　　　　　　　　　　　30 000
　贷:辅助生产费用——运输　　　　　　　　　　　　　11 500
　　　　　　　　——修理　　　　　　　　　　　　　18 500

2. 机修车间费用分配率 = 20 823/(7 020 − 79) = 3.00
　供电车间费用分配率 = 53 624/(150 000 − 15 940) = 0.40
　甲产品应负担电费 = 49 000 × 0.4 = 19 600(元)
　乙产品应负担电费 = 48 500 × 0.4 = 19 400(元)
　丙产品应负担电费 = 30 000 × 0.4 = 12 000(元)
　一车间应负担电费 = 2 000 × 0.4 = 800(元);应负担修理费 = 3 100 × 3 = 9 300(元);共合计 10 100(元)
　二车间应负担电费 = 2 500 × 0.4 = 1 000(元);应负担修理费 = 3 700 × 3 = 11 100(元);共合计 12 100(元)
　企业管理部门承担电费和修理费 = 141 × 3 + 2 060 × 0.4 = 1 247(元)
　会计分录如下:

借:基本生产成本——甲产品　　　　　　　19 600
　　　　　　　——乙产品　　　　　　　19 400
　　　　　　　——丙产品　　　　　　　12 000
　制造费用——一车间　　　　　　　　　10 100
　　　　　——二车间　　　　　　　　　12 100
　管理费用　　　　　　　　　　　　　　1 247
　贷:辅助生产费用——机修车间　　　　　20 823
　　　　　　　　——供电车间　　　　　53 624

第五章

(一)单项选择题

1. C 2. A 3. A 4. B 5. A 6. B 7. A 8. A 9. D 10. A

(二)多项选择题

1. ABDE 2. ABCD 3. BCE 4. ABD 5. ABDE 6. ABCD 7. ADE 8. AE 9. ABCD 10. ACE

(三)判断题

1. × 2. √ 3. √ 4. √ 5. × 6. ×

(四)计算分析题

1.(1)①各种产品年度计划产量的定额工时。

甲产品年度计划产量的定额工时 = 1 200 小时;乙产品年度计划产量的定额工时 = 1 000 小时。

②制造费用年度计划分配率。制造费用年度计划分配率 = $\dfrac{26\ 400}{1\ 200 + 1\ 000} = 12$

(2)①各种产品本月实际产量的定额工时。

甲产品本月实际产量的定额工时 = 224 小时

乙产品本月实际产量的定额工时 = 200 小时

②各种产品应分配的制造费用。

该月甲产品分配制造费用 = 2 688(元);该月乙产品分配制造费用 = 2 400(元)

该车间本月按计划分配率分配转出的制造费用为:2 688 + 2 400 = 5 088(元)

(3)分配制造费用的会计分录。

借:基本生产成本——甲产品　　　　2 688

　　　　　　　　——乙产品　　　　2 400

　　贷:制造费用　　　　　　　　　　5 088

2.(1)折旧费和修理费采用机器工时比例法:

制造费用分配率 = $\dfrac{\text{制造费用总额}}{\text{车间产品机器工时总额}} = \dfrac{26\ 880}{300 + 200} = 53.76$

甲产品应分配的制造费用 = 16 128(元);乙产品应分配的制造费用 = 10 752(元)

(2)其他费用采用生产工时比例法:

制造费用分配率 = $\dfrac{\text{制造费用总额}}{\text{车间产品生产工时总额}} = \dfrac{24\ 940}{2\ 500 + 1\ 800} = 5.8$

甲产品应分配的制造费用 = 2 500 × 5.8 = 14 500(元)

乙产品应分配的制造费用 = 1 800 × 5.8 = 10 440(元)

表 5.1 制造费用分配表

产品名称	折旧费、修理费			其他费用			制造费用
	机器工时	分配率	分配金额	生产工时	分配率	分配金额	
甲产品	300	53.76	16 128	2 500	5.8	14 500	30 628
乙产品	200	53.76	10 752	1 800	5.8	10 440	21 192
合计	500	—	26 880	4 300	—	24 940	51 820

第六章

(一)单项选择题

1. C　2. A　3. B　4. C　5. C　6. B　7. B　8. B　9. D　10. D

(二)多项选择题

1. ABCDE　2. BC　3. ABC　4. ACD　5. CD　6. ACDE　7. BCDE　8. ACD　9. ACDE
10. ABC

(三)判断题

1. ×　2. ×　3. √　4. ×　5. ×　6. √　7. ×　8. ×　9. ×　10. ×

(四)计算分析题

1. (1) 甲产品不可修复废品的生产成本 $= 5 \times 100 + 5 \times 30 \times (3 + 4) = 1\,550$(元)

(2) 甲产品不可修复废品的净损失 $= 5 \times 100 + 5 \times 30 \times (3 + 4) - 160 - 120 = 1\,270$(元)

(3) 有关会计分录如下:

① 结转废品成本:

借:废品损失——甲产品　　　　　　　　　　1 550
　贷:基本生产成本——甲产品(直接材料)　　500
　　　　　　　　——甲产品(直接人工)　　　450
　　　　　　　　——甲产品(制造费用)　　　600

② 收回废品残值:

借:原材料——残料　　　　　　　　　　　　160
　贷:废品损失　　　　　　　　　　　　　　160

③ 应收过失人赔偿的款项:

借:其他应收款　　　　　　　　　　　　　　120
　贷:废品损失　　　　　　　　　　　　　　120

④ 将废品净损失转入合格产品成本:

借:基本生产成本——废品损失　　　　　　　1 270
　贷:废品损失——甲产品　　　　　　　　　1 270

2. (1) 停工期间发生的费用 $= 500 + 400 + 300 - 500 = 700$(元)

停工损失的分配率 $= \dfrac{700}{500 + 1\,000} = 0.47$

A 产品负担停工损失 = 500 × 0.47 = 235(元)

B 产品负担停工损失 = 700 - 235 = 465(元)

(2)会计处理：

$$应付福利费 = \frac{400}{1 + 14\%} \times 14\% = 49(元)$$

$$应付工资 = 400 - 49 = 351(元)$$

借:停工损失	1 200
贷:原材料	500
应付职工薪酬——应付工资	351
——应付福利费	49
制造费用	300
借:基本生产成本——A 产品	235
——B 产品	465
其他应收款	500
贷:停工损失	1 200

第七章

(一)单项选择题

1. B 2. A 3. C 4. B 5. C 6. C 7. C 8. A 9. B 10. C 11. D 12. C 13. C 14. D 15. D 16. C 17. A 18. D 19. B 20. A

(二)多项选择题

1. ABCE 2. BCD 3. AB 4. ABCDE 5. ACD 6. AD 7. ABC 8. ACD 9. ABC 10. BD

(三)判断题

1. × 2. × 3. √ 4. × 5. √ 6. √ 7. × 8. √ 9. √ 10. ×

(四)计算与分析题

1. 在产品直接材料费用 = 100 × 500 = 50 000(元)

在产品:直接人工费用 = 12 800(元);燃料及动力费用 = 32 000(元);制造费用 = 25 600(元)。

月末在产品成本 = 50 000 + 12 800 + 32 000 + 25 600 = 120 400(元)

完工产品总成本 = (857 000 + 120 000 + 80 000 + 53 000) - 120 400 = 989 600(元)

2. (1)"直接材料"项目:在产品约当产量 = 200 × 40% = 80(件)

分配率 = 60.9;完工产品成本 = 8 526(元);月末在产品成本 = 4 872(元)

(2)"直接人工"项目:在产品约当产量 = 200 × 55% = 110(件)

分配率 = 35.24;完工产品成本 = 4 933.60(元);月末在产品成本 = 3 876.40(元)

(3)"制造费用"项目:在产品约当产量 = 200 × 55% = 110(件)

分配率 = 15;完工产品成本 = 2 100(元);月末在产品成本 = 1 650(元)

参考答案与解析

(4)完工产品总成本 = 15 559.60(元);月末在产品成本 = 10 398.40(元)

3. 直接材料费用的分配:分配率 = 24 000/(500 + 100) = 40

完工产品成本 = 500 × 40 = 20 000(元);月末在产品成本 = 100 × 40 = 4 000(元)

其他费用的分配:在产品约当产量 = 100 × 50% = 50(件)

直接人工分配率 = 20;完工产品成本 = 10 000(元);月末在产品成本 = 1 000(元)

制造费用分配率 = 10;完工产品成本 = 5 000(元);月末在产品成本 = 500(元)

A 产品完工产品成本 = 35 000(元);A 产品月末在产品成本 = 5 500(元)

4. (1)"直接材料"项目在产品约当产量 = 100 × 50% + 150 × 80% + 120 × 100% = 290(件)。

(2)其他项目在产品约当产量 = 100 × 20% + 150 × 60% + 120 × 90% = 218(件)

5. 分配率计算如下:

$$原材料费用分配率 = \frac{4\ 200 + 31\ 800}{860 + 40} = 40$$

月末在产品成本 = 40 × 40 = 1 600(元);完工产品原材料费用 = 860 × 40 = 34 400(元)

完工产品成本 = 34 400 + 3 000 = 37 400(元) =

4 200 + (31 800 + 3 000) − 1 600 = 37 400(元)

6. (1)月末在产品按所耗原材料费用计价法:

乙产品原材料费用分配率 = (2 800 + 12 200)/(400 + 200) = 25

乙产品完工产品原材料 = 10 000(元);月末在产品原材料 = 5 000(元)

乙产品完工产品成本 = 10 000 + 4 000 + 2 800 + 800 = 17 600(元)

(2)

表7.1　乙产品成本明细账

产量:400 件　　　　　　　　　　2014 年 2 月　　　　　　　　　　单位:元

摘要	直接材料	燃料及动力	直接人工	制造费用	合计
月初在产品	2 800	0	0	0	2 800
本月生产费用	12 200	4 000	2 800	800	19 800
合计	15 000	4 000	2 800	800	22 600
完工产品成本	10 000	4 000	2 800	800	17 600
月末在产品	5 000	0	0	0	5 000

7. 完工产品和月末在产品成本分配如下:

在产品:原材料定额费用:12 000(元);直接人工定额费用:6 000(元);制造费用定额成本:4 000(元)

月末在产品定额成本:22 000(元)

完工产品成本:62 000(元)

8.

表7.2 产品成本明细账

产品名称:甲产品　　　　　　　　　　2014年3月　　　　　　　　　　　　单位:元

成本项目	月初在产品费用	本月费用	生产费用合计	费用分配率	完工产品费用		月末在产品费用	
					定额	实际费用	定额	实际费用
(1)	(2)	(3)	(4)=(2)+(3)	(5)=$\frac{(4)}{(6)+(8)}$	(6)	(7)=(6)×(5)	(8)	(9)=(8)×(5)
直接材料	1 400	8 200	9 600	0.96	8 000	7 680	2 000	1 920
直接人工	6 000	30 000	36 000	6	5 000*	30 000	1 000*	6 000
制造费用	40 000	20 000	60 000	10	5 000*	50 000	1 000*	10 000
合计	47 400	58 200	105 600	—	—	87 680	—	17 920

*:工时

第八章

(一)单项选择题

1. C 2. A 3. B 4. A 5. A 6. A 7. A 8. A 9. B 10. C

(二)多项选择题

1. ACD 2. ACD 3. ABCD 4. ABC 5. CDE 6. AB 7. AC 8. ABE 9. AC 10. AD

(三)判断题

1. × 2. × 3. √ 4. × 5. × 6. √ 7. √ 8. × 9. √ 10. √

第九章

(一)单项选择题

1. A 2. D 3. A 4. A 5. B 6. B 7. C 8. C

(二)多项选择题

1. ABCE 2. ABCD 3. ABC 4. ACE 5. AC 6. ABCDE 7. ACD 8. ABE

(三)判断题

1. × 2. √ 3. × 4. × 5. √ 6. √ 7. √ 8. ×

(四)计算分析题

1. (1)直接材料成本分配率=0.7;甲完工产品应负担的直接材料成本=35(万元)

(2)直接人工分配率=1.4%;甲完工产品应负担的直接人工成本=14(万元)

(3)制造费用分配率=0.4%;甲完工产品应负担的制造费用=20×50×0.4%=4(万元)

(4)甲完工产品总成本=35+14+4=53(万元)

借:库存商品　　　　　　　　　　　　53

　　贷:生产成本　　　　　　　　　　　53

2. 编制各项要素费用分配表,分配各项要素费用。

(1)分配材料费用,甲、乙产品共同负担材料按当月投入产量分配。

表9.5 材料费用分配表

2013年8月 单位:元

应借科目			直接计入	分配金额（分配率）	合计
总账科目	明细科目	成本项目			
基本生产成本	甲产品	直接材料	810 000	16 000	826 000
	乙产品	直接材料	604 000	12 000	616 000
	小计		1 400 000	28 000	1 442 000
辅助生产成本	供电车间	直接材料	1 000		1 000
	机修车间	直接材料	1 200		1 200
	小计		2 200		2 200
制造费用	基本生产车间	直接材料	2 100		2 100
管理费用	修理费	直接材料	1 600		1 600
合计			1 419 900	28 000	1 447 900

(2)按甲、乙两种产品的实际生产工时比例分配职工薪酬费用(表9.6)。

表9.6 职工薪酬费用分配表

2013年8月 单位:元

应借科目		成本项目	生产工人薪酬		合计
总账科目	明细科目		生产工时	分配金额(分配率3.19)	
基本生产成本	甲产品	直接人工	100 000	319 200	319 200
	乙产品	直接人工	50 000	159 600	159 600
	小计		150 000	4 788 000	4 788 000
辅助生产成本	供电车间	直接人工			9 120
	机修车间	直接人工			7 980
	小计				17 000
制造费用	基本生产车间	直接人工			22 800
管理费用	修理费	直接人工			45 600
合计					564 300

(3)分配固定资产折旧费用(表9.7)。

表9.7 固定资产折旧费用分配表

2013年8月 单位:元

车间、部门	会计科目	明细科目	分配金额
基本生产车间	制造费用	折旧费	8 460
供电车间	辅助生产成本	折旧费	1 800

续表9.7

车间、部门	会计科目	明细科目	分配金额
机修车间	辅助生产成本	折旧费	4 500
厂部管理部门	管理费用	折旧费	5 000
合计			19 760

(4) 分配财产保险费用(表9.8)。

表9.8 财产保险费用分配表

2013年8月　　　　　　　　　　　　　　　　单位:元

车间、部门	会计科目	明细科目	分配金额
基本生产车间	制造费用	财产保险费	1 100
供电车间	辅助生产成本	财产保险费	800
机修车间	辅助生产成本	财产保险费	600
厂部管理部门	管理费用	财产保险费	500
合计			3 000

(5) 分配其他费用(表9.9)。

表9.9 其他费用分配表

2013年8月　　　　　　　　　　　　　　　　单位:元

车间、部门	会计科目	办公费	水电费	差旅费	其他费用	合计
基本生产车间	制造费用	1 460	2 000	1 400	2 600	7 460
供电车间	辅助生产成本		260		1 800	2 060
机修车间	辅助生产成本	880				880
厂部管理部门	管理费用	4 560	2 240			6 800
合计		6 900	4 500	1 400	4 400	17 200

(6) 根据各项要素费用分配表登记有关辅助生产成本明细账、制造费用明细账、产品成本计算单(见表9.10至表9.17)。

表9.10 辅助生产成本明细账

车间名称:供电车间　　　　　2013年8月　　　　　　　　　　单位:元

月	日	摘要	材料费	职工薪酬	折旧费	保险费	维修费	其他	合计	转出
5	31	表9.5	1 000						1 000	
5	31	表9.6		9 120					9 120	
5	31	表9.7			1 800				1 800	

续表 9.10

月	日	摘要	材料费	职工薪酬	折旧费	保险费	维修	其他	合计	转出
5	31	表9.8				800			800	
5	31	表9.9						2 060	2 060	
5	31	合计	1 000	9 120	1 800	800		2 060	14 780	
5	31	本月转出								14 780

表 9.11　辅助生产成本明细账

车间名称:机修车间　　　　　　　　2013 年 8 月　　　　　　　　　　　单位:元

月	日	摘要	材料费	职工薪酬	折旧费	保险费	维修费	其他	合计	转出
5	31	表9.5	1 200						1 200	
5	31	表9.6		7 980					7 980	
5	31	表9.7			4 500				4 500	
5	31	表9.8				600			600	
5	31	表9.9					880		880	
5	31	合计	1 200	7 980	4 500	600	880		15 160	
5	31	本月转出								15 160

表 9.12　辅助生产费用分配表(直接分配法)

2013 年 8 月　　　　　　　　　　　　　　　　　　　　　　单位:元

受益车间		供电车间		修理车间		金额合计
		数量/度	金额	数量/小时	金额	
待分配费用			14 780		15 160	29 940
劳务供应量		7 390		6 060		
分配率		2		2.5		
基本生产车间	甲产品	5 000	10 000	3 000	7 500	17 500
	乙产品	2 000	4 000	2 000	5 000	9 000
	车间耗用	290	580	1 000	2 500	3 080
	小计		14 580		15 000	29 580
管理费用		100	200	64	160	360
合计			14 780		15 160	29 940

表9.13　制造费用明细账

车间名称：基本生产车间　　　　　2013年8月　　　　　　　　　　　　　　单位：元

2013年		摘要	借方								贷方金额	余额
月	日		机物料	薪酬	折旧费	保险费	电费	修理费	其他	合计		
8	31	表9.5	2 100							2 100		
8	31	表9.6		22 800						22 800		
8	31	表9.7			8 460					8 460		
8	31	表9.8				1 100				1 100		
8	31	表9.9							7 460	7 460		
8	31	表9.12					580	2 500		3 080		
8	31	本月合计	2 100	22 800	8 460	1 100	580	2 500	7 460	45 000		
8	31	本月转出									45 000	0

表9.14　制造费用分配表

车间：基本生产车间　　　　　2013年8月　　　　　　　　　　　　　　单位：元

应借科目		生产工时	分配率	分配金额
总账科目	明细科目			
基本生产成本	甲产品	100 000	3	30 000
	乙产品	50 000		15 000
合计		15 000		45 000

表9.15　产品成本计算单

产品名称：甲产品　　　　　2013年8月　　　　　　　　　　　　　　单位：元

月	日	摘要		产量/件	直接材料	燃料与费用	直接人工	制造费用	合计
8	31	月初在产品成本			164 000	855	32 470	3 675	201 000
8	31	表9.4			826 000				826 000
8	31	表9.5				319 000			319 000
8	31	表9.12					17 500		17 500
8	31	表9.14						30 000	30 000
8	31	本月合计			826 000	319 000	17 500	30 000	1 192 500
8	31	生产费用累计		600	990 000	319 855	49 970	33 675	1 393 500
8	31	产成品成本	单位成本		1 650	581.55	90.85	61.23	2 383.63
8	31		总成本	500	825 000	290 775	45 425	30 615	1 191 815
8	31	月末在产品成本		100	165 000	29 080	4 545	3 060	201 685

表 9.16　产品成本计算单

产品名称:乙产品　　　　　　　　2013 年 8 月　　　　　　　　　　　　单位:元

月	日	摘要		产量/件	直接材料	燃料与费用	直接人工	制造费用	合计
8	31	月初在产品成本			123 740	510	16 400	3 350	144 000
8	31	表 9.4			616 000				616 000
8	31	表 9.5					159 600		159 600
8	31	表 9.12				9 000			9 000
8	31	表 9.14						15000	15 000
8	31	本月合计			616 000	9 000	159 600	15 000	799 600
8	31	生产费用累计		240	739 740	9 510	176 000	18 350	943 600
8	31	产成品成本	单位成本		3082.25	43.23	800	83.41	4 008.89
8	31		总成本	200	616 450	8 646	160 000	16 682	801 778
8	31	月末在产品成本		40	123 290	864	16 000	1 668	141 822

表 9.17　完工产品成本汇总计算表

2013 年 8 月　　　　　　　　　　　　　　　　　　　　　　　　单位:元

成本项目	甲产品(500 件)		乙产品(200 件)	
	总成本	单位成本	总成本	单位成本
直接材料	825 000	1 650	616 450	3 083.25
燃料及动力	16 685	33.37	8 646	43.23
直接人工	319 500	639.00	160 000	800
制造费用	30 615	61.23	16 682	83.41
合 计	1 191 800	2 383.60	801 778	4008.89

(五)不定项选择题

1. BD　2. BD　3. ABCD　4. A　5. D　6. C

第十章

(一)单项选择题

1. C　2. B　3. C　4. C　5. D　6. C　7. B　8. D　9. D　10. C

(二)多项选择题

1. ABDE　2. ABCE　3. ABC　4. AC　5. BCD　6. ABD　7. BD　8. ABDE　9. ABC　10. ABDE

(三)判断题

1. √　2. √　3. ×　4. √　5. √　6. ×　7. ×　8. √　9. ×　10. ×

(四)计算分析题

1.(1)甲产品。

表 10.1.1　甲产品成本明细账

产品批号:9414
批量:10 台(5 月完工 6 台)　　　　2014 年 5 月　　　　　　　　　　　　　单位:元

摘要	直接材料	直接人工	制造费用	合计
生产费用累计	3 360	2 350	2 800	8 510
完工产品总成本	2 016	1 762.50	2 100	5 878.50
完工产品单位成本	336	293.75	350	979.75
月末在产品成本	1 344	587.50	700	2 631.50

(2)乙产品。

表 10.1.2　乙产品成本明细账

产品批号:9415
批量:10 台(5 月完工 2 台)　　　　2014 年 5 月　　　　　　　　　　　　　单位:元

摘要	直接材料	直接人工	制造费用	合计
生产费用累计	4 600	3 050	1 980	9 630
完工产品计划单位成本	460	350	240	1 050
完工产品总成本	920	700	480	2 100
月末在产品成本	3 680	2 350	1 500	7 530

2. 累计间接计入费用分配率的计算如下:

直接人工费用分配率 = 67 000/13 400 = 0.5(元/小时)
制造费用分配率 = 80 400/13 400 = 0.6(元/小时)

表 10.2　基本生产成本二级账

2013 年 8 月　　　　　　　　　　　　　　　　　　　　　　　　　　　　　　单位:元

摘要	直接材料	生产工时	直接人工	制造费用	合计
月初在产品成本	30 000	65 000	25 000	40 000	95 000
本月发生生产费用	25 000	69 000	42 000	40 400	107 400
生产费用累计	55 000	134 000	67 000	80 400	204 400
累计间接计入费用分配率			0.5	0.6	
完工产品成本转出	17 833	70 800	35 400	42 480	95 713
月末在产品成本	37 167	63 200	31 600	37 920	106 687

表 10.3　产品成本明细账

产品批号:001　产品名称:甲产品
批量:10 件　8 月末全部完工　　　　2013 年 8 月　　　　　　　　　　单位:元

摘要	直接材料	生产工时	直接人工	制造费用	合计
月初在产品成本	10 000	35 000			
本月发生生产费用	5 000	30 000			
累计间接计入费用分配率	15 000	65 000	0.5	0.6	
完工产品总成本	15 000		32 500	39 000	86 500
完工产品单位成本	1 500		3 250	3 900	8 650

注：　　　完工产品直接人工费用 = 65 000 × 0.5 = 32 500(元)
　　　　　完工产品制造费用 = 65 000 × 0.6 = 39 000(元)

表 10.4　产品成本明细账

产品批号:002　产品名称:乙产品
批量:7 件　8 月末全部未完工　　　　2013 年 8 月　　　　　　　　　　单位:元

摘要	直接材料	生产工时	直接人工	制造费用	合计
月初在产品成本	3 000	10 000			
本月发生生产费用	1 000	3 000			
生产费用累计	4 000	13 000			

表 10.5　产品成本明细账

产品批号:003　产品名称:丙产品
批量:12 件　8 月末全部完工 2 件　　2013 年 8 月　　　　　　　　　　单位:元

摘要	直接材料	生产工时	直接人工	制造费用	合计
月初在产品成本	17 000	20 000			
本月发生生产费用		15 000			
累计间接计入费用分配率	17 000	35 000	0.5	0.6	
完工产品总成本	2 833	5 800	2 900	3 480	9 213
完工产品单位成本	1 416.50		1 450	1 740	4 606.50
月末在产品成本	14 167	29 200			

注:原材料是在生产开始时一次投入的,所以
　　　　直接材料分配率 = 17 000 ÷ 12 = 1 416.50
　　　完工产品直接材料费用 = 1 416.50 × 2 = 2 833(元)
　　　完工产品的定额工时 = 2 900 × 2 = 5 800(小时)
　　　完工产品直接人工费用 = 5 800 × 0.5 = 2 900(元)

完工产品制造费用 = 5 800 × 0.6 = 3 480(元)

表10.6　产品成本明细账

产品批号:004　　产品名称:丁产品
批量:12件　8月末全部未完工　　　　2013年8月　　　　　　　　　　　　　　单位:元

摘要	直接材料	生产工时	直接人工	制造费用	合计
本月发生生产费用	19 000	21 000			
生产费用累计	19 000	21 000			

第十一章

(一)单项选择题
1. D　2. D　3. A　4. D　5. C　6. B　7. B　8. B　9. D　10. B
(二)多项选择题
1. ABD　2. BC　3. BD　4. AC　5. DE　6. ABC　7. ACD　8. AC　9. ABCDE　10. ACE
(三)判断题
1. ×　2. ×　3. √　4. √　5. √　6. √　7. ×　8. √　9. √　10. ×
(四)计算分析题
1.

表11.3　一车间产品成本计算单

2014年1月　　　　　　　　　　　　　　　　　　　　　　　　　　　　　　　　单位:元

成本项目	直接材料	燃料及动力	直接人工	制造费用	合计
月初在产品成本	12 800	160	640	800	14 400
本月发生费用	121 600	2 960	11 840	14 800	151 200
生产费用合计	134 400	3 120	12 480	15 600	165 600
约当产量	168	156	156	156	—
分配率	800	20	80	100	—
完工产品成本	115 200	2 880	11 520	14 400	144 000
月末在产品成本	19 200	240	960	1 200	21 600

表11.4　二车间产品成本计算单

2014年1月　　　　　　　　　　　　　　　　　　　　　　　　　　　　　　　　单位:元

成本项目	直接材料	燃料及动力	直接人工	制造费用	合计
月初在产品成本	24 000	360	1 440	1 800	27 600
本月发生费用	—	4 120	17 760	22 520	44 400
上车间转入	115 200	2 880	11 520	14 400	144 000
生产费用合计	139 200	7 360	30 720	38 720	216 000

续表 11.4

成本项目	直接材料	燃料及动力	直接人工	制造费用	合计
约当产量	168	160	160	160	—
分配率	828.57	46	192	242	—
完工产品成本	125 943	6 992	29 184	36 784	198 903
月末在产品成本	13 257	368	1 536	1 936	17 097

表 11.5　三车间产品成本计算单

2014 年 1 月　　　　　　　　　　　　　　　　　　　　单位:元

成本项目	直接材料	燃料及动力	直接人工	制造费用	合计
月初在产品成本	52 000	200	800	1 000	54 000
本月发生费用	—	2 440	4 480	9 560	16 480
上车间转入	125 943	6 992	29 184	36 784	198 903
生产费用合计	177 943	9 632	34 464	47 344	269 383
约当产量	192	176	176	176	
分配率	926.79	54.73	195.82	269	
完工产品成本	148 286	8 756	31 331	43 040	231 413
月末在产品成本	29 657	876	3 133	4 304	37 970

2.

表 11.8　第一步骤产品成本计算单

2014 年 1 月　　　　　　　　　　　　　　　　　　　　单位:元

成本项目	直接材料	直接人工	制造费用	合计
月初在产品成本	15 200	10 000	2 100	27 300
本月发生费用	20 000	12 440	6 280	38 720
合计	35 200	22 440	8 380	66 020
约当产量	520	440	440	—
分配率	67.7	51	19.1	—
完工产品成本	24 372	18 360	6 876	49 608
月末在产品成本	10 828	4 080	1 504	16 412

表 11.9　第二步骤产品成本计算单

2014 年 1 月　　　　　　　　　　　　　　　　　　　　单位:元

成本项目	直接材料	直接人工	制造费用	合计
月初在产品成本	9 060	5 600	4 000	18 660
本月发生费用	49 608	6 300	6 200	62 108
合计	58 668	11 900	10 200	80 768

续表 11.9
2014 年 1 月

单位:元

成本项目	直接材料	直接人工	制造费用	合计
约当产量	440	340	340	—
分配率	133.3	35	30	—
完工产品成本	31 992	8 400	7 200	47 592
月末在产品成本	26 676	3 500	3 000	33 176

表 11.10 第三步骤产品成本计算单
2014 年 1 月

单位:元

成本项目	直接材料	直接人工	制造费用	合计
月初在产品成本	6 400	6 000	7 100	19 500
本月发生费用	4 7592	5 480	6 620	59 692
合计	53 992	11 480	13 720	79 192
约当产量	330	280	280	—
分配率	163.6	41	49	—
完工产品成本	37 628	9 430	11 270	58 328
月末在产品成本	16 364	2 050	2 450	20 864

表 11.11 产成品成本还原计算表
2014 年 1 月

单位:元

项目	还原分配率	乙半成品	甲半成品	直接材料	直接人工	制造费用	合计
还原前产成品成本		37 628			9 430	1 1 270	58 328
二车间乙半成品的成本还原			31 992		8 400	7 200	47 592
产成品所耗乙半成品的成本还原	0.7906	−37 628	25 293		6 641	5 694	
一车间生产甲半成品成本				24 372	18 360	6 876	49 608
产成品所耗甲半成品的成本还原	0.5099		−25 293	12 427	9 362	3 504	
还原后产成品成本				12 427	25 433	20 468	58 328

3.

表 11.14 第一步骤产品成本计算单
2014 年 5 月

单位:元

项目	直接材料	燃料及动力	直接人工	制造费用	合计
月初在产品成本	20 000	6 000	4 000	2 0 00	32 000
本月发生费用	33 600	36 840	34 080	17 040	121 560
合计	53 600	42 840	38 080	19 040	153 560

续表 11.14

	项目	直接材料	燃料及动力	直接人工	制造费用	合计
产量	完工产品数量	1 600	1 600	1 600	1 600	—
	在产品数量	1 080	780	780	780	
	合计	2 680	2 380	2 380	2 380	
单位成本		20	18	16	8	62
应计入产成品成本的份额		32 000	28 800	25 600	12 800	99 200
月末在产品成本		21 600	14 040	12 480	6 240	54 360

表 11.15 第二步骤产品成本计算单

2014 年 5 月   单位:元

	项目	直接材料	燃料及动力	直接人工	制造费用	合计
月初在产品成本		—	4 000	3 500	2 800	10 300
本月发生费用			7 580	6 150	2 990	16 720
合计			11 580	9 650	5 790	27 020
产量	完工产品数量		1 600	1 600	1 600	—
	在产品数量		330	330	330	—
	合计		1 930	1 930	1 930	—
单位成本			6	5	3	14
应计入产成品成本的份额			9 600	8 000	4 800	22 400
月末在产品成本			1 980	1 650	990	4 620

表 11.16 第三步骤产品成本计算单

2014 年 5 月   单位:元

	项目	直接材料	燃料及动力	直接人工	制造费用	合计
月初在产品成本			3 000	2 800	2 600	7 400
本月发生费用			12 210	24 240	10 920	47 370
合计			15 210	27 040	13 520	55 770
产量	完工产品数量		1 600	1 600	1 600	—
	在产品数量		90	90	90	—
	合计		1 690	1 690	1 690	—
单位成本			9	16	8	33
应计入产成品成本中份额			14 400	25 600	12 800	52 800
月末在产品成本			810	1 440	720	2 970

表 11.17　完工产品成本汇总计算单

2014 年 5 月　　　　　　　　　　　　　　　　　　　　　　　　　　　　　单位:元

项目	直接材料	燃料及动力	直接人工	制造费用	合计
第一步骤	32 000	28 800	25 600	12 800	99 200
第二步骤		9 600	8 000	4 800	22 400
第三步骤		14 400	25 600	12 800	52 800
成本合计	32 000	52 800	59 200	30 400	174 400
单位成本	20	33	37	19	109

第十二章

(一)单项选择题

1. A　2. B　3. B　4. C　5. B　6. C　7. A　8. C　9. B　10. D

(二)多项选择题

1. ABC　2. DE　3. ABC　4. ACD　5. ABCE　6. BCD　7. BCD　8. ABCD　9. ACD　10. ACDE

(三)判断题

1. √　2. √　3. ×　4. ×　5. ×　6. ×　7. √　8. ×　9. ×　10. √

(四)计算分析题

1.

表 12.3　产品系数计算表

　　　　　　　　　　　　　　　　　　　　　　　　　　　　　　　　　　　单位:元

产品	产量/件	原材料费用		加工费用	
		单位系数	总系数	单位系数	总系数
A 产品	130	2	260	1.6	208
B 产品	200	1	200	1	200
C 产品	180	5	90	0.6	108
D 产品	100	2.5	250	4	400

表 12.4　产品各项费用分配率计算表

项目	直接材料	直接人工	制造费用	合计
产品总成本	5 880	1 840	2 070	9 790
产品总系数	800	916	916	
分配率	7.35	2	2.3	

参考答案与解析

表 12.5　各种产品成本计算表

单位:元

项目	产量/件	分配标准		完工产品总成本			
		原材料费用总系数	加工费用总系数	直接材料	直接人工	制造费用	合计
费用分配率	—	—	—	7.35	2	2.3	—
A 产品		260	208	1 911	416	478.4	2 805.1
B 产品		200	200	1 470	400	460	2 330
C 产品		90	108	661.5	216	248.4	1 125.9
D 产品		250	400	1 837.5	808	883.2	3 528.7
合 计		800	916	5 880	1 840	2 070	9 790

2.

表 12.6　基本生产成本明细账

产品名称:甲产品

摘要	直接材料	直接人工	燃料及动力	制造费用	合计
在产品定额成本	12 500	3 000	750	2 000	18 250
在产品脱离定额差异	−370	−125	−15	45	−465
在产品定额成本调整	−1 500				−1 500
在产品定额变动差异	1 500				1 500
本月定额成本	88 000	46 500	11 625	31 000	177 125
本月脱离定额差异	−2 600	−2 350	−480	780	−4 650
本月材料成本差异	1 708				1 708
定额成本合计	99 000	49 500	12 375	33 000	193 875
脱离定额差异合计	−2 970	−2 475	−495	825	−5 115
材料成本差异合计	1 708				1 708
定额变动差异	1 500				1 500
脱离定额差异分配率	−0.03	−0.05	−0.304	0.025	
完工产品定额成本	82 500	45 000	11 250	30 000	168 750
完工产品脱离定额差异	−2 475	−2 250	−450	750	−4 425
完工产品材料成本差异	1 708				1 708
完工产品定额变动差异	1 500				1 500
结转完工产品实际成本	83 233	42 750	10 800	30 750	166 679
在产品定额成本	16 500	4 500	1 125	3 000	25 125
在产品脱离定额差异	−495	−225	−45	75	−690

第十三章

(一)单项选择题

1. B 2. A 3. C 4. D 5. A

(二)多项选择题

1. AD 2. AD 3. ABCE 4. ABDE 5. ACDE

(三)判断题

1. × 2. × 3. × 4. × 5. ×

(四)计算分析题

(1)直接材料成本差异的计算和分析。

甲材料:标准成本=160 000(元);成本差异=80 000(元)

其中:数量差异=160 000(元);价格差异=-80 000(元)

乙材料:标准成本=120 000(元);成本差异=30 000(元)

其中:数量差异=60 000(元);价格差异=-30 000(元)

直接材料:标准成本=280 000(元);成本差异=80 000+30 000=110 000(元)

其中:数量差异=220 000(元);价格差异=-110 000(元)

(2)直接人工成本差异的计算和分析。

直接人工:标准成本=160 000(元);成本差异=-16 000(元)

其中:数量差异=-16 000(元);价格差异=0(元)

(3)变动性制造费用成本差异的计算和分析。

变动性制造费用:标准成本=60 000(元);成本差异=12 000(元)

其中:数量差异=-600(元);成本差异=(4-3)×18 000=18 000(元)

(4)固定性制造费用成本差异的计算和分析。

固定性制造费用:标准分配率=3.9;标准成本=78 000(元);成本差异=-24 000(元)

第十四章

(一)单项选择题

1. C 2. A 3. D 4. C 5. A 6. C 7. B 8. C 9. B 10. D

(二)多项选择题

1. ABCE 2. ABCE 3. ACDE 4. ABD 5. ABC 6. ABCDE 7. ABCDE 8. ABDE 9. ABCDE 10. ABCDE

(三)判断题

1. √ 2. × 3. × 4. × 5. × 6. √ 7. √ 8. × 9. √ 10. √

(四)计算分析题

表 14.3　产品生产成本表
2013 年 12 月
单位:元

产品名称	计量单位	实际产量		单位成本				本月总成本			本年累计总成本		
		本月	本年	上年实际	本年计划	本月实际	本年实际	上年实际	本月计划	本月实际	上年实际	本年计划	本年实际
电动机 M-1	件	100	1 100	253	252	251	252	25 300	25 200	25 100	278 300	277 200	27 200
电动机 M-2	件	200	2 450	190	191.3	192	194.2	38 000	38 260	38 400	465 500	468 685	475 790
电动机 M-3	件	300	3 500	200	198	196	197	60 000	59 400	58 800	700 000	693 000	689 500
合计	—	600	7 050	—	—	—	—	123 300	122 860	122 300	1 443 800	1 438 885	1 442 490

第十五章

(一)单项选择题
1. D　2. B　3. A　4. B　5. D　6. C　7. C　8. B　9. B　10. D

(二)多项选择题
1. ABCD　2. ACD　3. ABCD　4. ACE　5. AD　6. BE　7. AD　8. BC　9. CDE　10. ABCD

(三)判断题
1. √　2. √　3. √　4. ×　5. √　6. ×　7. √　8. ×　9. ×　10. √

(四)计算分析题

1. 运用连环替代法计算各因素影响如下:

材料:计划成本 = 900 000(元);实际成本 = 1 216 000(元);差异 = 316 000(元)。

计划指标:200 × 300 × 15 = 900 000(元);第一次替代:190 × 300 × 15 = 855 000(元);第二次替代:190 × 320 × 15 = 912 000(元);第三次替代:190 × 320 × 20 = 1 216 000(元)。

由于产量减少,使材料成本下降了 45 000 元;由于单耗上升,使材料成本上升了 57 000 元;由于材料单价上升,使材料成本上升了 304 000 元。

以上三个因素共同影响,使材料总成本上升了 316 000(-45 000 + 57 000 + 304 000)元。

2. (1)分析全部商品产品成本计划完成情况:

表 15.3　商品产品成本分析表
2013 年 12 月
单位:元

商品产品	实际产量		差异	
	计划总成本	实际总成本	金额	%
可比产品				
甲产品	135 900	123 300	-12 600	-9.27
乙产品	120 000	116 000	-4 000	-3.33
合计	255 900	239 300	-16 600	-6.49

133

续表 15.3

商品产品	实际产量		差异	
	计划总成本	实际总成本	金额	%
不可比产品				
丙产品	100 000	102 000	2 000	2.00
全部商品产品	355 900	341 300	-14 600	-4.10

（2）确定可比产品成本降低任务和实际完成情况：
①计划降低额 =11 200；计划降低率 =4.44%；
②实际降低额 =28 700；实际降低率 =10.71%；
③实际超计划降低额：28 700 -11 200 =17 500(元)；
实际超计划降低率：10.71% -4.44% =6.27%。

参考文献

[1] 袁长明,韩明圆.成本会计学[M].东营:中国石油大学出版社,2010.
[2] 鲁亮升.成本会计[M].大连:东北财经大学出版社,2010.
[3] 丁元霖.成本会计[M].上海:立信会计出版社,2007.
[4] 张林,冯美玉.成本会计[M].北京:人民邮电大学出版社,2011.
[5] 万寿义,任月君.成本会计[M].3版.大连:东北财经大学出版社,2013.
[6] 万寿义,任月君,李日昱.成本会计学习题与案例[M].2版.大连:东北财经大学出版社,2010.
[7] 罗绍德.成本会计学[M].北京:经济科学出版社,2007.
[8] 刘永泽,陈立军.中级财务会计[M].2版.大连:东北财经大学出版社,2009.
[9] 王仲兵.成本会计学[M].大连:东北财经大学出版社,2010.
[10] 李敏.成本会计学[M].上海:上海财经大学出版社,2011.
[11] 程明娥.成本会计[M].北京:清华大学出版社,2009.
[12] 财政部.企业会计准则第9号——职工薪酬[M].北京:中国财政经济出版社,2006.
[13] 徐纪敏,刘玉凤.成本会计[M].北京:化学工业出版社,2010.
[14] 于福生,黎来芳.成本会计学[M].北京:中国人民大学出版社,2009.
[15] 欧阳清,万寿义.成本会计[M].大连:东北财经大学出版社,2010.
[16] 狄为.新编成本会计学[M].北京:化学工业出版社,2012.

读者反馈表

尊敬的读者：

　　您好！感谢您多年来对哈尔滨工业大学出版社的支持与厚爱。为了更好地满足您的需要，提供更好的服务，希望您对本书提出宝贵意见，将下表填好后，寄回我社或登录我社网站(http://hitpress.hit.edu.cn)进行填写。谢谢！您可享有的权益：

☆ 免费获得我社的最新图书书目　　　☆ 可参加不定期的促销活动
☆ 解答阅读中遇到的问题　　　　　　☆ 购买此系列图书可优惠

读者信息
姓名_____　□先生　□女士　　年龄_____　学历_____
工作单位_____　　职务_____
E-mail _____　　邮编_____
通讯地址_____
购书名称_____　购书地点_____

1. 您对本书的评价

内容质量　　□很好　　　□较好　　　□一般　　　□较差
封面设计　　□很好　　　□一般　　　□较差
编　　排　　□利于阅读　□一般　　　□较差
本书定价　　□偏高　　　□合适　　　□偏低

2. 在您获取专业知识和专业信息的主要渠道中，排在前三位的是：
①_____　　②_____　　③_____
A. 网络　B. 期刊　C. 图书　D. 报纸　E. 电视　F. 会议　G. 内部交流　H. 其他：_____

3. 您认为编写最好的专业图书(国内外)

书名	著作者	出版社	出版日期	定价

4. 您是否愿意与我们合作，参与编写、编译、翻译图书？
_____

5. 您还需要阅读哪些图书？
_____

　　网址：http://hitpress.hit.edu.cn
　　技术支持与课件下载：网站课件下载区
　　服务邮箱　wenbinzh@hit.edu.cn　　duyanwell@163.com
　　邮购电话　0451－86281013　　0451－86418760
　　组稿编辑及联系方式　　赵文斌(0451－86281226)　杜燕(0451－86281408)
　　回寄地址：黑龙江省哈尔滨市南岗区复华四道街10号　哈尔滨工业大学出版社
　　邮编：150006　传真 0451－86414049